Hermann Müller

Reihe: Müllers Sachtexte Band 5
Unsere Rente

Hermann Müller

Unsere Rente

Grundlagen, System und Elemente

Bibliografische Informationen der Deutschen Nationalbibliothek:
Die Deutsche Nationalbibliothek verzeichnet diese Publikation in der Deutschen Nationalbibliographie. Detaillierte bibliographische Daten im Internet über http://www.d-nb.de abrufbar.

© 2017 Hermann Müller
Herstellung und Verlag
BoD Books on Demand, Norderstedt

ISBN 9783743165854

Inhaltsverzeichnis

1. Einführung 7
2. Bevölkerungsstatistik 13
   2.1 Erhebung der Lebenden und Gestorbenen 13
   2.2 Sterbetafel, die einjährigen
   Sterbewahrscheinlichkeiten 15
   2.3 Stationäre Bevölkerung 18
     2.4 Stationäre Bevölkerung, modifiziert; verlängerte
     Sterbetafel 19
   2.5 Stationäre Bevölkerung, modifiziert,
   Geschlechterverhältnis 20
     „Rentnerseuche" 22
     „Rentnerblühte" 23
   2.6 Natürliche Bevölkerung; die
   Geburtenwahrscheinlichkeit 25
   2.7 Wanderungen 29
   2.8 Die dynamische Bevölkerung 30
   2.9 Reale Bevölkerung 32
3. Die Last der Erwerbsfähigen 35
   3.1 Lastquoten, abgeleitet aus der Demographie 35
   3.2 Lastquote in Geld 39
4. Alterssicherung ohne Kinder? 43
5. Finanzierung 47
   5.1 Biologische Vorsorge (eigene Kinder) 47
   5.2 Kapitalansammlung 47
     5.2.1 Sparen in Nominalwerten 48
     5.2.2 Sparen in Realwerten 48
     5.2.3 Steuern 49
     5.2.4 Private Eigenvorsorge 49

- 5.2.5 (Zusatz-)Versorgung durch den Arbeitgeber....52
  - 5.2.5.1 Die Sicht des Arbeitnehmers.....................52
  - 5.2.5.2 Die Sicht des Arbeitgebers........................54
  - 5.2.6 Beamtenpensionen..58
- 5.3 Umlagefinanzierung..58
- 6. Einzelfragen einer allgemeinen Altersversorgung.........65
  - 6.1 Wer soll versichert werden?......................................65
  - 6.2 Was soll versichert werden?.....................................65
  - 6.3 Nominal-Rentenhöhe..66
  - 6.4 Wartezeit..66
  - 6.5 Leistungsbezogenheit der Rente.............................67
    - 6.6 Eigenleistungsarten..68
    - 6.7 Eigenleistung: Geld..68
    - 6.8 Eigenleistung: Kinder...69
    - 6.9 Eigenleistungen während des Rentenbezuges...70
  - 6.10 Organisation..70
  - 6.11 Nenneintrittsalter...70
  - 6.12 Rentenzuschlag, Rentenabschlag........................71
  - 6.13 Rentenantrag...71
  - 6.14 Rentenauskunft...72
  - 6.15 Mindesteintrittsalter...72
  - 6.16 Lastquote und demographischer Faktor...............73
  - 6.17 Dynamisierung der Rente.....................................73
  - 6.18 Stichworte zu einer allgemeinen Rentenversicherung..73
- 7. Schlussbemerkungen..77
- 8. Rentenbarwert a_n und Versicherungsmathematik..........79

1. Einführung

Prolog

Irgendwann, lange vor unserer Zeit und der Erfindung der gesetzlichen Renten- und Pflegeversicherung, zu einer Zeit, als irgendein Tier beschloss, Mensch zu werden, da war das Problem der Versorgung ganz einfach.

Die Eltern pflegten und versorgten ihre Kinder bis sie selbständig geworden - oder gestorben - waren. Hätten die Eltern dies seinerzeit nicht getan, gäbe es keine Menschen, denn bekanntlich ist das gerade geborene kleine Menschlein für die nächsten Jahre nicht in der Lage, für sich selbst zu sorgen. - Und das ist der eine Teil des Generationenvertrages, ungeschrieben, ohne Juristen, gut, einfach und von Anfang an genau deshalb funktionierend.

Wann der erste Mensch den Einfall hatte, seine alten Eltern zu pflegen und zu versorgen, ist schon sehr viel schwieriger festzustellen. Sicher ist aber, dass es irgendwann einmal geschehen ist und sicher ist auch, dass dies kein Einzelfall war, sondern mehr oder minder zur Regel geworden ist. - Und dies ist der andere Teil des Generationenvertrages, praktiziert, lange bevor ihn irgendwelche Juristen in Gesetze gegossen haben.

Der Generationenvertrag hat also zwei Seiten: Er umfasst einerseits die Pflege und Unterstützung der Eltern und andererseits die Pflege und Unterstützung der Kinder. Wer nur eine dieser beiden Seiten, die Pflege der Alten, wahrhaben will, wird mit seinem System immer früher oder später scheitern.

Die Autoren des BGB, des Bürgerlichen Gesetzbuches, die über zwanzig Jahre daran gearbeitet haben, bis das Gesetz dann zum 01.01.1900 in Kraft getreten ist, haben bezüglich des Unterhalts sehr klare, einfache und für jeden einsehbare Normen geschaffen (§§ 1601 bis 1615 BGB):

> "Verwandte in gerader Linie sind verpflichtet, einander Unterhalt zu gewähren." (§ 1601 BGB).

Kurz, knapp und klar. Bezogen auf den Unterhalt Fordernden in aufsteigender Folge also: seine Eltern, Großeltern, Urgroßeltern; und in absteigender Folge: Seine Kinder und Kindeskinder. Und weiter:
> "Unterhaltsberechtigt ist nur, wer außerstande ist, sich selbst zu unterhalten." (§ 1602 BGB Abs. 1 BGB).

Und das bedeutet, jeder ist zunächst für seinen Unterhalt selbst verantwortlich. Und über die Rangfolge der Unterhaltspflichtigen sagt das Gesetz:
> "Die Abkömmlinge sind vor den Verwandten der aufsteigenden Linie unterhaltspflichtig." (§ 1606 Abs. 1 BGB).

Und diese Vorschrift zeigt ganz deutlich, dass hier keineswegs, wie heute üblich, nur an den Kindesunterhalt gedacht war, sondern ganz ausdrücklich und vordringlich an die Altersversorgung.

Mit diesen einfachen drei Bestimmungen des BGB ist eigentlich das ganze Problem der Altersversorgung erschlagen. Aber selbstverständlich, es geht auch anders - und damit haben wir die Probleme.

Gesetzliche Rentenversicherung

Mit Gesetz wurde 1889 die Invaliditäts- und Altersversicherung für Arbeiter geschaffen, die jedoch nur Minimalleistungen bot. 1911 wurde eine vergleichbare Regelung für die Angestellten geschaffen. 1916 wurde die Altersgrenze von bisher 70 Jahre auf 65 Jahre herabgesetzt. 1923 wurde als Folge der Inflation, in der praktisch das gesamte Vermögen dieser Kassen verloren ging, die Finanzierung teilweise von der Kapitaldeckung auf das Umlageverfahren umgestellt. Weitere Gesetzesänderungen in den Folgejahren. Mit der Rentenreform 1957 wurden die Grundlagen für das heute noch geltende Recht gelegt. Zwanzig Jahre später Beginn des Aufbaus des Sozialgesetzbuches.

Gesetzliche Grundlage des heute geltenden Rechts ist das Sozialgesetzbuch (SGB) mit seinen Büchern. Hieraus interessiert uns vor allem das Buch **SGB VI** (Gesetzliche Rentenversicherung, Zusammenfügung der bisher getrennten Arbeiter- und Angestelltenrentenversicherung sowie Eingliederung der Knappschaftlichen Rentenversicherung, die allerdings mit vielen Sonderbestimmungen.

Das heutige Recht des Systems der gesetzlichen Rentenversicherung weist eine Reihe von Mängeln auf. Dies erkennt auch der Gesetzgeber und so reihen sich die Rentenreformgesetze in munterer Folge, mal (früher) die Leistungen etwas erhöhend, mal (seit Jahren) die Leistungen mindernd. Weitere Reformen mit weiteren Leistungsänderungen sind bereits absehbar.

Das Netz der sozialen Sicherheit ist in viele Rechtsvorschriften aufgesplittert, es ist daher sehr unübersichtlich. Kein Bürger kennt sich dort aus, vermutlich auch keiner der oft zitierten „Sozialexperten".

Der von den Regelungen betroffene Personenkreis ist willkürlich bestimmt und überlappt: Während der eine durch die Maschen des Netzes fällt, wird der andere gleich von mehreren Vorschriften aufgefangen. So unklar und sich überschneidend der begünstigte Personenkreis ist, so willkürlich und sich überlappend ist der bunte Strauß der gebotenen Leistungen, die dann gegenseitig untereinander verrechnet/aufgerechnet/erstattet werden oder auch ruhen. Das Netz der sozialen Sicherheit ist kein ordentlich ausgespanntes Sicherheitsnetz, sondern ein Knäuel in sich verhedderter Fäden, Strippen, Seile, Taue und vor allem immer wieder Löcher.

In einem Punkt aber sind sich viele dieser Leistungen versprechenden Rechtsvorschriften einig: Der Leistungsbezieher darf nicht gleichzeitig arbeiten. Folge: Der Leistungsempfänger wird immer mehr an die Abhängigkeit von den Wohltaten des sozialen Netzes gewöhnt ja direkt hineingezwungen. Das Netz schafft sich so selbst seine Hilfsbedürftigen immer von Neuem selbst.

Es ist aussichtslos, ein solches Gestrüpp (an dessen Fortbestand viele egoistische Interessen hängen!), entwirren zu wollen. Man kann es nur, wenn man wohl definierte Teile davon herausschneidet und diese dann, das Fernziel einer Neukonstruktion nicht aus den Augen lassend, einzeln nach und nach reformiert. Hier also der Teil der gesetzlichen Altersversorgung.

Der Begriff „Rente" ist nicht eindeutig. In dieser Schrift geht es um die Leibrente, also die an einen Körper, den des Versicherten, gebundene Rente. Sie wird nach heutigem Recht ab einem unterschiedlich definiertem oder gewähltem Zeitpunkt für bestimmte Zeit oder lebenslänglich gezahlt und sogar nach dem Todesfall in der Form der Hinterbliebenenrenten (abgeleitete Rente) als Witwen-/Witwerrente und Waisenrente.

Die Rente nach heutigem Recht gewährt Zusatzleistungen, zwingend zum Beispiel als Zuschuss zur Krankenversicherung oder als Kannleistung zum Beispiel als Kur und schafft damit Konkurrenz zur Krankenversicherung. Bei Kleinstrenten übersteigt der Wert dieser Zusatzleistungen bei weitem den Wert der eigentlichen Rente.

Unsere gesetzliche Rente wird auch „Sozialrente" genannt. Aber sie umfasst nur einen Teil der Gesamtbevölkerung. Sie schließt andere aus, weil diese eine andere – teilweise bessere – Altersversorgung haben (zum Beispiel Beamtenpensionen) oder, weil sie eine andere bevorzugte vom Staat geförderte Altersversorgung bekommen. Und es werden wieder andere ausdrücklich ausgeschlossen und nicht hereingelassen, weil politische Verfechter unseres Rentensystems – aus historischen Gründen – einen „Feind", einen „Gegner" brauchen, denn sie wollen bestimmte Regelungen, man kann auch sagen Geschenke, an die eigene Klientel in das System auf Kosten des Staates, also der Allgemeinheit, einbauen und aufrechterhalten.

Es werden wissentlich falsche Argumente verwendet. Als die gesetzliche Rentenversicherung mit ihrem Vorläufer 1889 als Invalidenversicherung der über siebzigjährigen Arbeiter gegründet wurde, war die von privaten Versicherungen angebotene Leibrente längst bekannt und in ihren Leistungsmerkmalen definiert. Von diesen so definierten Merkmalen hat sich unser Rentensystem nie freigemacht. Es gab und gibt zwar viele darüber hinaus gehende Leistungen, aber diese werden als „versicherungsfremde Leistungen" diffamiert, um daraus abzuleiten, dass diese versicherungsfremden Leistungen vom Staat aus Steuermitteln finanziert werden müssen, während die anderen aus den Beiträgen der Versicherten finanziert werden, was aber so in der Regel auch nicht stimmt.

Nach heutigem Recht werden die Beiträge zur Hälfte vom Versicherten, zur anderen Hälfte von dessen Arbeitgeber gezahlt – so jedenfalls das Rechtssystem nach außen. Wirtschaftlich ist diese Darstellung Unsinn, denn der Arbeitgeber als Unternehmer rechnet alle Kostenteile eines Arbeitnehmers zusammen, also Bruttolohn plus alle anderen wie immer bezeichneten

Nebenleistungen, zu denen eben auch die Anteile zur Sozialversicherung gehören.

In dieser Schrift werden die Kernelemente unseres Rentensystems dargestellt und gezeigt, auf welche Elemente es ankommt und wie sich Änderungen und Manipulationen daran auswirken.

Unser Rentensystem ist über hundert Jahre alt. Seitdem sind zwei Weltkriege und zwei Inflationen über uns hinweggegangen, das Finanzierungssystem wurde vom Kapitaldeckungsverfahren auf ein Umlageverfahren umgestellt.

Soll die Neukonstruktion oder die Reformation einer gesetzlichen Altersversorgung bestand haben, dann muss sich der Konstrukteur zunächst über einige Grundlagen Klarheit verschaffen. Ein Modell kann uns dabei helfen.

Aus den einjährigen Sterbewahrscheinlichkeiten bauen wir uns eine stationäre Bevölkerung auf. Wir passen diese weiter an die besondere Verlängerung des Lebens, also die fallenden einjährigen Sterbewahrscheinlichkeiten an, versuchen dann die Geburtenzahlen zu schätzen und fügen die Wanderungsbewegung ein. Zum Abschluss dieses ersten Schritts übertragen wir die so gewonnenen Erkenntnisse auf die reale Bevölkerung und kommen so zu der uns interessierenden Bevölkerungsprognose der nächsten 50 Jahre. Fehler in diesem grundlegenden Schritt erschüttern das ganze Rentengebäude, die derzeitigen Streiterien zum Stichwort „demographischer Faktor" zeigen dies überdeutlich.

Ausgehend von dieser Bevölkerungsprognose bestimmen wir die Alten- und Kinderlastenquoten, wobei wir die ersten Versuche mit der Bestimmung des Renteneintrittsalters machen. Und in einem Exkurs prüfen wir die Möglichkeit der Altersversorgung ohne Kinder.

Wir prüfen die Probleme der Rentendynamisierung und kommen damit zur Wahl der richtigen Bezugsgrößen und wenden uns abschließend den möglichen Finanzierungsarten und der Lasttragung zu.

Diese Fragen sollen in den folgenden Abschnitten diskutiert werden. Erst dann kann an die Konstruktion oder in unserem Fall besser die Reformation eines Rentensystems gegangen werden.

Die Rente geht alle an, die einen als zwangsweise Steuer- und Beitragszahler, die anderen als - manchmal zwangsweise – Leistungsempfänger.

Alle paar Monate meldet sich ein Experte zu Wort und verkündet seine neuesten Ergebnisse – ohne anzugeben, auf welche Daten er zugegriffen hat und wie er daraus zu seinen mitgeteilten Ergebnissen gekommen ist.

Ahnungslose Politiker verbreiten mithilfe der Presse diese unverstandenen Ergebnisse als die neueste Weisheit und folgern daraus stets das, was ihnen im Moment gerade in den politischen Kram passt.

Nun kann jeder mit normaler Schulbildung und einem kleinen Netbook mit einem Office-Programm wie EXEL oder CALC mindestens die großen Linien selbst nachrechnen. Diese Schrift zeigt das nötige Grundlagenwissen und wie mit den einfachen Mitteln der Tabellenkalkulation mindestens die großen Zusammenhänge nachgeprüft werden können.

Du sollst nicht unwissend das nachbrabbeln, was dir andere Unwissende unverstanden in die Ohren posaunen, du sollst selbst zum Wissenden werden und die Sachverhalte selbst beurteilen können.

Wirtschaft geht alle an.

2. Bevölkerungsstatistik

Die Grundlage aller Überlegungen zur Rente ist das Wissen über die Bevölkerung; darum steht hier ein Abschnitt „Bevölkerungsstatistik".

Die richtige Abschätzung der künftigen Bevölkerungsentwicklung für einen Zeitraum von bis zu hundert Jahren ist die wichtigste Voraussetzung für jede allgemeine Altersversorgung. Fehler in diesem Punkt lassen sich durch nichts ausgleichen und führen früher oder später zwingend in den Zusammenbruch des geplanten Altersversorgungssystems. In diesem Punkt helfen kein Glauben, keine Ideologie und kein Gesetz.

Die Daten über die Bevölkerung sind die wichtigsten Daten, die es über einen Staat, ein Volk, die Wirtschaft gibt. Die hier für uns nötigen Daten kann sich jeder vom Statistischen Bundesamt geben lassen oder in dessen Veröffentlichen nachlesen. Die für uns wichtigen Daten sind:
- Die Zahl der Lebenden sortiert nach Geschlecht und Alter;
- Die Sterbetafel der „einjährigen Sterbewahrscheinlichkeiten" sortiert nach Geschlecht und Alter;
- Die Geburtenwahrscheinlichkeiten nach dem Alter der Mutter;
- Die Wanderungen sortiert nach Geschlecht und Alter.

Mit diesen Daten können wir alle erforderlichen Berechnungen auf jedem PC, auch auf einem kleinen Netbook, ausführen und so für die Aussagen und Behauptungen unserer Politiker ein Gefühl bekommen, wie wahr, wie bedeutend sie sind. Erforderlich ist dafür lediglich ein Office Programm, zum Beispiel das frei herunterladbare LibreOffice mit seinem Tabellenkalkulationsprogramm.

2.1 Erhebung der Lebenden und Gestorbenen.

Am Anfang steht die Erhebung der Daten, also die Anzahl:
- Der Lebenden, gegliedert nach Geschlecht und Alter zu einem bestimmten Zeitpunkt;

- Der Gestorbenen, gegliedert nach Geschlecht und Alter in einem definierten Zeitraum.

Merksatz.
Die Anzahlen der Lebenden sind Zeitpunktwerte.

Merksatz.
Die Anzahlen der Gestorbenen sind Zeitraumwerte.

Die Zahlen der Lebenden werden aus den Volkszählungen und deren Fortschreibungen gewonnen:
+ gezählte Anzahl Lebender
− Gestorbene
+ Zugewanderte
− Abgewandte
= aktuelle Anzahl Lebender.

Der Fehler bei dieser Erhebung liegt im unteren Prozentbereich, also so zwischen zwei und fünf Prozent. Das Gute ist, dass dieser Fehler für unsere Zwecke keine große Bedeutung hat.

Tabelle 2.1
Erhebung: Lebende und Gestorbene nach Alter und Geschlecht (Rohdaten)

Alter x	männlich		weiblich	
	Lebende l_x	Gestorbene d_x	Lebende l_y	Gestorbene d_y
(1)	(2)	(3)	(4)	(5)
0				
....				
100				
Summe	$[\Sigma l_x]$	$[\Sigma d_x]$	$[\Sigma l_y]$	$[\Sigma d_y]$

Bedeutung der Bezeichnungen:
- x Alter (allgemein), wenn die Geschlechter unterschieden werden: männlich;
- y Alter, weiblich;
- l Lebende;
  - l_x Lebende im Alter x (allgemein), wenn die Geschlechter unterschieden werden: männlich;
  - l_y Lebende im Alter y, weiblich;
- d Gestorbene;
  - d_x Gestorbene im Alter x (allgemein), wenn die Geschlechter unterschieden werden: männlich;
  - d_y Gestorbene im Alter y, weiblich.

Beispiel:
- l_{41} sind die Lebenden im Alter 41;
- l_0 sind die Null-jährigen, also die gerade Geborenen;
- d_{65} sind die im Alter von 65 (also vor erreichen des Alters 66) Gestorbene.

Egal auf welche Weise und nach welchem Verfahren diese Daten erhoben werden, sie sind immer fehlerhaft. Der Fehler liegt im unteren einstelligen Prozentbereich. Die Tatsache, dass diese Daten fehlerhaft sind, darf zwar nicht vergessen werden, ist aber für unsere Zwecke nicht weiter von Bedeutung.

2.2 Sterbetafel, die einjährigen Sterbewahrscheinlichkeiten.

Der Begriff „Sterbetafel" ist nicht eindeutig. Die Sterbetafel umfasst in jedem Fall die einjährigen Sterbewahrscheinlichkeiten, getrennt für männlich und weiblich; zusätzlich bisweilen eine Unisexspalte. Die Sterbetafel ist die Grundlage aller weiterer Berechnungen. Die Werte der einjährigen Sterbewahrscheinlichkeiten werden mit mindestens fünf besser mehr Stellen hinter dem Komma angegeben.

Die einjährige Sterbewahrscheinlichkeit ist die Wahrscheinlichkeit, mit der ein x-Jähriger vor Erreichen seines x+1. Lebensjahres sterben wird. Diese einjährigen Sterbewahrscheinlichkeiten gibt es für jedes Alter und getrennt für den männlichen und weiblichen Anteil der Bevölkerung.

x	Tabelle 2.2.1 Sterbetafel, Deutschland [Jahr]	
	Einjährige Sterbewahrscheinlichkeiten	
	männlich q_x	weiblich q_y
0		
1		
.....		

Bedeutung der Bezeichnungen:

q einjährige Sterbewahrscheinlichkeit;

q_x einjährige Sterbewahrscheinlichkeit für das Alter x (allgemein), wenn die Geschlechter unterschieden werden: männlich;

q_y einjährige Sterbewahrscheinlichkeit für das Alter y, weiblich.

Die einjährigen Sterbewahrscheinlichkeiten werden für die einzelnen Alter aus den Lebenden und den Gestorbenen nach dieser Formel berechnet:
$$q_x = d_x / l_x \text{ und } q_y = d_y / l_y$$

Für die Werte der einjährigen Sterbewahrscheinlichkeit gilt immer:
$$0 < q_x <= 1 \text{ und } 0 < q_y <= 1$$

Die q_x und q_y können niemals 0 sein, weil dass für dieses Alter die Unsterblichkeit bedeuten würde. Wird der Wert q_x oder q_y gleich 1, dann bedeutet das für dieses Alter den sicheren Tod; das ist das höchste Alter, Omega (ω) genannt, in dieser Sterbetafel.

Die Werte der einjährigen Sterbewahrscheinlichkeit werden in Deutschland seit über hundert Jahren langsam – insbesondere in den höheren Altern - kleiner, das heißt, die Menschen werden älter.

Wir bekommen die Werte der einjährigen Sterbewahrscheinlichkeiten vom Statistischen Bundesamt als PDF-Datei oder EXEL-Tabelle.

Da q_x die Sterbewahrscheinlichkeit angibt, ist die Gegenwahrscheinlichkeit, die einjährige Erlebenswahrscheinlichkeit (die Wahrscheinlichkeit <u>nicht</u> in diesem Alter zu sterben) $1-q_x$. Bei der Wahl, ob man mit den Sterbe- oder den Erlebenswahrscheinlichkeiten rechnen will, hat man sich historisch für die Sterbewahrscheinlichkeiten entschieden. Die Tafel mit diesen und einigen weiteren Werten heißt „Sterbetafel".

Obwohl wir diese Zahlen der Sterbetafel vom Statistischen Bundesamt fertig beziehen wollen, sollten wir trotzdem wissen, wo diese Zahlen herkommen und wie sie berechnet werden.

Wir gehen aus von der Tabelle der Lebenden. Wir errechnen die in jedem Alter Gestorbenen als Differenz zwischen dem Alte x und dem Folgealter x+1. Die Gestorbenen werden mit dem Formelzeichen kleiner Buchstabe „d" bezeichnet, der Index gibt das Alter (Todesalter) an: d_x allgemein (oder männlich), d_y weiblich. Die d_{41} sind die im Alter von 41 Jahren Gestorbenen. Formel: $d_x = l_x - l_{x+1}$. Nachdem wir so die Gestorbenen berechnet haben, berechnen wir die Wahrscheinlichkeit, mit der ein x-Jähriger vor erreichen des Alters x+1 stirbt, so: $q_x = d_x / l_x$. Das ist das Prinzip und das sind die Rohdaten, die Statistiker rechnen etwas genauer und glätten mit den Instrumenten der Statistik die Ergebnisse. Die Tabelle sieht so aus:

	\multicolumn{2}{c	}{Tabelle 2.2.2 Sterbetafel Deutschland [Jahr]}				
x	\multicolumn{2}{c	}{Lebende}	\multicolumn{2}{c	}{Gestorbene}	\multicolumn{2}{c	}{Sterbewahrscheinlichkeiten}
	l_x	l_y	d_x	d_y	q_x	q_y
0						
1						
...						
Summe	Σl_x	Σl_y	Σd_x	Σd_y		

2.3 Stationäre Bevölkerung.

<u>Definition:</u> Die stationäre Bevölkerung ist eine künstliche Konstruktion; sie wird allein aus den Werten einer Sterbetafel berechnet und ist dadurch definiert, dass die errechneten Werte der Lebenden sich durch Alterung nicht verändern.

<u>Merksatz:</u>
In einer stationären Bevölkerung ändern sich die errechneten Werte der Lebenden durch Alterung nicht.

<u>Merksatz:</u>
Eine stationäre Bevölkerung hängt allein von der verwendeten Sterbetafel ab.

Tabelle 2.3 Stationäre Bevölkerung; Sterbetafel Deutschland [Jahr]				
x	q_x	q_y	l_x	l_y
0			100.000	100.000
1				
2				
....				

Hinweis: Die Spalten q_x und q_y im Rechenblatt immer als Fix-Spalten adressieren!

Im Normalfall beginnt die stationäre Bevölkerung in den Spalten der Lebenden für das Alter 0 mit dem Wert 100.000; das ist Konvention und praktisch.

Die Berechnung der Lebenden in den weiteren Altern geschieht durch Alterung der vorgegebenen Anzahl der Null-jährigen nach dieser Formel:
$l_{x+1} = l_x (1 + q_x)$ männlich und $l_{y+1} = l_y (1 + q_y)$ weiblich.

Von dieser stationären Bevölkerung wird durch Hinzufügen weiterer Spalten die Sterbetafel für versicherungsmathematische Zwecke abgeleitet.

Die stationäre Bevölkerung ist der Ausgang für alle Modellrechnungen, sie ist die Basis, die Vergleiche überhaupt erst möglich macht. Sie wird für die einzelne Modellrechnung dann jeweils angepasst und verändert; die meisten dieser Veränderungen führen gewollt dazu, dass sie nicht mehr der Definition einer stationären Bevölkerung entspricht; sie mutiert zur Modellbevölkerung.

Für uns ist die stationäre Bevölkerung – mit einigen Modifikationen – für Vergleiche wichtig.

Wir sichern unsere eben errechnete Tabelle der stationären Bevölkerung und ziehen uns für die weiteren Schritte jeweils eine Arbeitskopie.

2.4 Stationäre Bevölkerung, modifiziert; verlängerte Sterbetafel.

In unserer Arbeitskopie verlängern wir die Tabelle bis zum Alter 125, indem wir den letzten Wert für das höchste vom Statischen Bundesamt angegebene Alter auf die weiteren höheren Alter bis zum Alter 124 übertragen. Für das Alter 125 tragen wir eine 1 (eins) ein; dies bedeutet unbedingte Sterblichkeit, älter kann niemand werden. Über die Richtigkeit dieser Verlängerung der Sterbetafel kann man streiten, aber ganz falsch ist sie eben auch nicht.

Nach dieser Veränderung genügt unser Ergebnis noch immer der Definition der stationären Bevölkerung.

Tabelle 2.4
Stationäre Bevölkerung, modifiziert; Sterbetafel verlängert auf 125

x	Statistisches Bundesamt Sterbetafel [Jahr] verlängert auf 125		l_x	l_y
	q_x	q_y		
0			100.000	100.000
1				
...				
123				
124				
125	1,000.000.00	1,000.000.00		
Summe	-	-	$[\Sigma l_x]$	$[\Sigma l_y]$
Summe gesamt	-	-	$[\Sigma l_x] + [\Sigma l_y]$	-

Wir sichern diese Tabelle und ziehen uns für die weitere Arbeit eine Kopie.

2.5 Stationäre Bevölkerung, modifiziert, Geschlechterverhältnis.

Das Geschlechterverhältnis bei der Geburt liegt mit nur sehr geringen Schwankungen um 0,515 männlich zu 0,485 weiblich. Das ist so etwas wie eine Naturkonstante so lange der Mensch der Natur nicht ins Handwerk pfuscht. In ein Modell der stationären Bevölkerung bauen wir dieses Verhältnis durch die Wahl der Null-jährigen ein:

Tabelle 2.5
Stationäre Bevölkerung, modifiziert; Sterbetafel verlängert auf 125; Geschlechterverhältnis eingebaut.

x	Statistisches Bundesamt Sterbetafel [Jahr] verlängert auf 125		männlich l_x	weiblich l_y
	q_x	q_y		
0			103.000	97.000
1				
...				
123				
124				
125	1,000.000.00	1,000.000.00		
Summe	-	-	$[\Sigma l_x]$	$[\Sigma l_y]$
Summe gesamt	-	-	$[\Sigma l_x] + [\Sigma l_y]$	-

Das Übergewicht der Anzahl der männlichen Geborenen wird durch die höhere Sterblichkeit der männlichen Geborenen bis zur Fortpflanzungsreife weitgehend ausgeglichen. Wir vergleichen darum die Summen der Bevölkerung aus den Tabellen 2.4 und 2.5.

Wir sichern diese Tabelle und ziehen uns für die weitere Arbeit eine Kopie.

Übung:
Die Wohnbevölkerung in Deutschland liegt bei rund 82 Millionen. Wir erhöhen (durch Probieren) die Zahl der l_0-Jährigen in den Spalten l_x und l_y so lange, bis die Gesamtsumme der Bevölkerung die 82.000.000 erreicht (die gesuchten Werte werden bei rund 500.000 liegen).

Feststellung. Unsere realen Geburtenzahlen mit insgesamt rund 650.000 passen nicht zu der realen Bevölkerung von rund 82.000.000!

Übung:

„Rentnerseuche"

Wir gehen aus von der Tabelle 2.5. Ab dem Alter 65 erhöhen wir die Sterbewahrscheinlichkeiten um 10 Prozent. Wir schreiben also qx = qx * 1,1 und entsprechend für die qy. Jetzt errechnen wir wie gewohnt die lx und ly. Die so errechneten Werte der Lebenden sind immer noch eine „stationäre Bevölkerung", denn eine Alterung würde keine Veränderung ergeben. - Ich nenne dieses Modell die „Rentnerseuche", weil hier nur die Sterbewahrscheinlichkeiten der Rentner erhöht wird.

x	Tabelle 2.5.1 „Rentnerseuche"			
	manipuliert ab x=65		l_x	l_y
	q_x	q_y		

Wir erkennen:
- die Gesamtbevölkerung wird kleiner;
- der Anteil der Rentner wird kleiner;

Dieses Beispiel ist der Realität genau entgegengesetzt, denn seit vielen Jahren fallen gerade in den hohen Altern die Sterbewahrscheinlichkeiten: die Menschen werden älter und leben länger.

Übung:

"Rentnerblühte"

Als „Rentnerblühte" sei die Beobachtung bezeichnet, dass insbesondere in höherem Alter, also im Rentneralter, die einjährigen Sterbewahrscheinlichkeiten schrumpfen und die Rentner daher länger leben. Diese Beobachtungen zeigen, dass zurzeit die Lebenserwartung sich jährlich um drei Monate verlängert, die Menschen (Geburtsjahrgänge) werden alle zehn Jahre um zweieinhalb Jahre älter. Diese reale Beobachtung wollen wir versuchen in unserem Modell nachzustellen. - Hinweis: Diese langsame Veränderung der Sterbewahrscheinlichkeiten wird sich nicht in alle Ewigkeit fortsetzen.

Variante 1.

Wir erzeugen uns wie bei der Rentnerseuche eine Arbeitskopie. Die Sterbewahrscheinlichkeiten multiplizieren wir ab dem Alter 65 mit 0,99, dies ergibt eine Minderung der Sterbewahrscheinlichkeiten um 1 Prozent. Diese Modifikation ergibt immer noch eine stabile Bevölkerung.

Wir erkennen:
 • Die Gesamtzahl der Bevölkerung wird größer, genauer nur der Anteil der Rentner wächst.

Die Art der Anpassung der Sterbetafel, wie hier vorgeführt, ist etwas gewaltsam. Darum etwas eleganter die Variante 2.

Variante 2.

Wir bauen uns eine Zeitreihe, wir altern unsere Bevölkerung in Jahresschritten. Das ergibt dann dieses Bild, die hochgestellte Zahl gibt den jeweiligen Alterungsdurchlauf an:

^0l_x; ^1l_x; ^2l_x; ^3l_x; ^4l_x; ^5l_x; ^6l_x; ^7l_x; ^8l_x; ^9l_x; $^{10}l_x$;

Für die Durchläufe 3, 6 und 10 wollen wir die Sterbewahrscheinlichkeiten verändern. Da wir uns noch immer in einer stabilen Bevölkerung bewegen, sind die Durchläufe 0, 1, 2 identisch, wir begnügen uns also mit dem Durchlauf 0. Im Durchlauf 3 ändern wir der Sterbetafel, diesen Durchlauf brauchen wir, die identischen Durchläufe 4 und 5 vergessen wir. Im Durchlauf 6 wird abermals die Sterbetafel geändert, diesen Durchlauf brauchen wir, die identischen Durchläufe 7, 8 und 9 vergessen wir. Für den Durchlauf 10 wird unsere Sterbetafel ein drittel Mal verändert. Hinweis: Dieses Weglassen, Vergessen bestimmter Durchläufe ist hier nur zulässig, weil wir es auch nach unseren Änderungen der Sterbetafel immer noch jeweils mit einer stabilen Bevölkerung zu tun haben.

Wir erzeugen uns wieder wie im Beispiel Rentnerseuche eine Arbeitskopie. In unserer Sterbetafel suchen wir das Alter mit der kleinsten einjährigen Sterbewahrscheinlichkeit; dies finden wir in den Altern zwischen 10 und 12 Jahren und es kann für männlich und weiblich unterschiedlich sein. Von diesem Alter an steigen die einjährigen Sterbewahrscheinlichkeiten nur noch an. Aus diesem Grund haben wir dieses Alter gesucht. Ich nehme für mein Beispiel das Alter 11 an.

Die Werte der Sterbewahrscheinlichkeiten ab dem Alter 12 verschieben wir um 1 Jahr; der bisherige Wert für das Alter 12 wird jetzt dem Alter 13 und so fort zugeordnet. Den bisherigen Wert im Alter 12 ersetzen wir durch den Wert des Alters 11.

Jetzt rechnen wir:
- Durchlauf 0 mit der unveränderten Sterbetafel; Durchlauf 1 und 2 sparen wir uns. Ergebnis zur Auswertung aufheben!
- Durchlauf 3 mit der erstmals veränderten Sterbetafel gerechnet; Durchlauf 4 und 5 sparen wir uns. Ergebnis zur Auswertung aufheben!
- Durchlauf 6 mit der abermals veränderten Sterbetafel gerechnet; Durchlauf 7, 8 und 9 sparen wir uns. Ergebnis zur Auswertung aufheben!
- Durchlauf 10 mit der abermals veränderten Sterbetafel gerechnet; Ergebnis zur Auswertung aufheben!

Die Auswertung kennen wir bereits. Wir stellen fest:

- Mit jedem Durchlauf erhöht sich die Zahl der Gesamtbevölkerung.

- Mit jedem Durchlauf erhöht sich vor allem die Zahl der Rentner.

Merksatz.
Die seit Jahrzehnten beobachtete Verlängerung des Lebens führt zu mehr Rentnern und erhöht damit die Last der Rentner.

Mit dieser Modifikation erreichen wir annähernd die Realität, in der sich derzeit die Lebenserwartung in jeweils zehn Jahren um rund 2,5 Jahre erhöht.

2.6 Natürliche Bevölkerung; die Geburtenwahrscheinlichkeit.

Die drei Elemente der natürlichen Bevölkerungsbewegung sind:
- Die einjährige Sterbewahrscheinlichkeit,
- Das Geschlechterverhältnis bei der Geburt,
- Die Geburtenwahrscheinlichkeit.

Die Geburtenwahrscheinlichkeit ist nur schwer vorhersagbar; die Werte können über Jahre relativ konstant bleiben und dann unvermittelt von einem zum nächsten Jahr mit deutlichen Abweichungen nach oben oder unten abweichen.

Das Statistische Bundesamt liefert Tabellen „Geborene nach dem Alter der Mutter sowie Geburtenziffer". Diese Geburtenziffer ist das Tausendfache der von mir verwendeten Geburtenwahrscheinlichkeit. Die Tabelle beginnt mit dem Alter „14 und jünger" und endet mit dem Alter „45 und älter". Beide Extremwerte sind nur mit wenigen Elementen belegt und werden aus Gründen der notwendigen Anonymisierung nicht weiter unterteilt.

Ich verwende für die Geburtenwahrscheinlichkeit das „g", der Wert für das Alter y ist demnach g_y, die Geburtenwahrscheinlichkeit kann sich naturnotwendig nur auf den weiblichen Teil der Bevölkerung beziehen.

Wir erweitern unsere Arbeitstabelle um zwei Spalten:
g_y Geburtenwahrscheinlichkeit
K eigentlich K_y; eine Hilfsspalte Kinder; hochgestellt wird davor gesetzt die Zahl, die den Rechnungsdurchlauf angibt: ^0K_y betrifft das Basisjahr 0; ^1K_y das Folgejahr 1.

x	Sterbetafel [Jahr] verlängert auf 125		Geburtenwahrscheinlichkeit [Jahr] g_y	männlich l_x	weiblich l_y	Kinder ^0K_y
	q_x	q_y				
0			0	103.000	97.000	0
1			0			0
...			0			0
13			0			
14						
15						
...						
44						
45						
46			0			0
...			0			0
			0			0
123			0			0
124			0			0
125	1,000.00	1,000.00	0			[$\Sigma ^0K_y$]
Summe	-	-	[Σg_y]	[Σl_x]	[Σl_y]	
Summe gesamt	-	-	-	[Σl_x] + [Σl_y]	-	

Tabelle 2.6.1
Natürliche Bevölkerung

Wahrscheinlichkeiten zu addieren ist bisweilen sinnlos; die Summe in der Spalte g_y liegt derzeit in Deutschland bei 1,4 und gibt an, dass im Mittel je Frau 1,4 Kinder geboren werden – zum Bestandserhalt sind bei unserer gegenwärtigen Sterbetafel rund 2,1 erforderlich.

Die Werte der Spalte K_y berechnen wir so:
$$K_y = l_y * g_y$$
und zwar über alle Alter, weil das einfacher ist. Nullwerte ergeben sich ganz von allein.

Der errechnete Wert Σk_y ist die Gesamtkinderzahl.

Unsere Tabelle beginnt für das Alter 0 nach wie vor mit den Einträgen der Lebenden von 103.000 und 97.000. Aber das ist nur in unserem Basisjahr 0 so, denn im nächsten Jahr, wenn wir unsere Tabelle um drei Spalten erweitert haben, werden die Lebenden des Alters 0 so berechnet:
$$^{\text{männlich}}l_0 = 0{,}515 * \Sigma k_y \text{ und } {}^{\text{weiblich}}l_0 = \Sigma k_y - {}^{\text{männlich}}l_0$$

				Tabelle 2.6.2 Natürliche Bevölkerung				
				Basis: Zeit 0		**Zeit 1**		
x	q_x	q_y	g_y	l_x	l_y	^0K_y	^1l_x	^1l_y	^1K_y
0			0	103.000	97.000		[0,515 * $^{\Sigma 0}K^y$]	[$^0\Sigma k_y -$ $^{\text{männlich}}l_0$]	
1			0						
...									
Summe						[ΣK_y]			

Um weitere Zeiten (Jahre) zu rechnen, fügen wir jeweils eine Dreier-Feldgruppe l_x, l_y und K_y an.

Hinweis: Die Adressierung der Spalten q_x, q_y und g_y erfolgt fix, sonst bekommen wir beim fortgesetzten Kopieren Fehler.

Wäre die Summe der uns vom Statistischen Bundesamt gelieferten Geburtenziffern exakt etwas über 2, dem Wert für den Bestandserhalt bei unserer

Sterbetafel, dann würden wir in den Spalten der Lebenden der Zeit 1 genau die in der Basiszeit 0 eingesetzten Werte erhalten. Da die Werte bei uns aber mit rund 1,4 deutlich darunter liegen, bekommen wir das Bild einer deutlich schrumpfenden Bevölkerung. Ab der Zeit 15 beginnen die von uns errechneten Frauen zunehmend in die Geborenenzahlen einzugreifen. Da die Zahlen der Frauen in gebärfähigen Alter abnehmen fallen ab jetzt erneut die Zahlen der Geborenen. Wir sehen jetzt, wie sich der Abschwung durch die Generationen fortsetzt und über Jahrzehnte nachwirkt. - Das Spiel endet erst, wenn die Geborenenzahl auf null gefallen ist.

Übung.

Wir fragen, wie viel Kinder geboren werden müssen, in Abhängigkeit von dem Geschlechterverhältnis bei der Geburt und dem Alter der Mutter, um den Bestand (die Gesamtzahl der Lebenden) konstant zu halten.

In der Tabelle 2.3 war unsere Annahme, dass jeweils 100.000 männliche und weibliche Null-jährige vorhanden sind; insgesamt waren das 200.000 Null-jährige. Wenn die eben Geborenen weiblichen Kinder sofort nun sofort alle diese 200.000 gebären würden, dann entfiele auf jede Mutter: 200.000 / 100.000 = 2,00 Kinder.

In der Tabelle 2.5 hatten wir das Geschlechterverhältnis mit 103.000 zu 97.000 eingebaut; insgesamt waren es also wieder 200.000 Null-jährige. Unsere Rechnung ist nun: 200.000 / 97.000 = 2,06185567. Jedes gerade geborene Mädchen müsste also jetzt nicht nur zwei Kinder gebären, zusätzlich müsste rund jedes 16. Mädchen noch ein weiteres drittes Kind gebären.

Jetzt führen wir mit den von uns gewählten Tabellen diese gleichen Rechnungen für die Alter 15, 30 und 44 durch. Wir erkennen: Je höher wir das Alter der Mutter ansetzen, umso mehr Kinder müssten die Durchschnittsfrauen gebären. - Hier kommt die oft zitierte Angabe her, dass bei unserer Sterbetafel zum Bestandserhalt rund 2,1 Kinder je Frau erforderlich sind.

Wenn wir uns die Spalte der g_y in der Tabelle 2.6.2 ansehen, erkennen wir, dass die höchsten Werte so um die Alter 29 und 30 liegen. (Dieses Alter mag heute gelten, es kann sich aber sehr schnell sehr deutlich ändern; Vorsicht mit Annahmen für die Ewigkeit – vor ein paar Jahrzehnten lag die Spitze noch bei

Mitte zwanzig!) Diese Erkenntnis machen wir uns zunutze. Wenn wir die Summe der Spalte g_y mit den weiblichen 30-jährigen multiplizieren, bekommen wir ungefähr die Summe der Spalte K_y heraus. Wenn wir die Geburtenwahrscheinlichkeiten g_y variieren wollen, dann können wir uns für eine Überschlagsrechnung damit begnügen, die gewollte Summe der Geburtenwahrscheinlichkeiten dem Alter zuzuordnen, bei dem wir die Spitze der Geburten haben wollen.

2.7 Wanderungen

Bei der künftigen, rechnerischen Alterung der Bevölkerung können wir auch gleich die Wanderungen einbauen. Nehmen wir den Saldo der Wanderungen als eine Wahrscheinlichkeit w_x für die einzelnen Alter an, dann gilt $-1<=w_x$, denn mehr als alle vorhandenen des Alters x können nicht auswandern (für die Einwanderung gibt es hingegen keine Grenzen). Die Formel für Alterung unter Einbeziehung der Wanderungswahrscheinlichkeit ist:

$$l_{x+1}=(l_x*(1-q_x))*(1+w_x)$$

Wollen wir aber - vielleicht auch zusätzlich - die Wanderungen als eine feste Zahl z_x der Wandernden des Alters x eingeben, dann ist die Formel für die Alterung:

$$l_{x+1}=(l_x*(1-q_x))*(1+w_x)+z_x$$

Diese Rechnungen führt man natürlich wieder für den männlichen und weiblichen Bevölkerungsanteil getrennt durch.

Wir haben also folgende Tabellen, jeweils für die Alter von 0 bis Omega:
- l_x : Lebende, männlich
- l_y : Lebende, weiblich
- q_x : einjährige Sterbewahrscheinlichkeiten, männlich
- q_y : einjährige Sterbewahrscheinlichkeiten, weiblich
- w_x : Wanderungswahrscheinlichkeiten, männlich
- w_y : Wanderungswahrscheinlichkeiten, weiblich
- z_x : Wanderungen, absolut, männlich
- z_y : Wanderungen, absolut, weiblich
- g_y : Geburtenwahrscheinlichkeiten.

Über die Wanderungen, gleich wie sie in die Rechnung eingeführt werden, kann man nur spekulieren. Dieser Teil unserer Daten taugt also gar nichts - und

das ist der Grund, warum sie auch oft weggelassen werden. Wer sich trotzdem für die Annahme eines Einwanderungsüberschusses entscheidet, dem werden folgende Annahmen vorgeschlagen:
- Alle Einwanderer sind im Alter zwischen 20 und 40 Jahren. (Diese Annahme folgt der Idee, dass Einwanderer Beitragszahler der Rentenversicherung seien.)
- Die Gesamtzahl der Einwanderung verteilt sich auf alle angenommenen Alter gleichmäßig.
- Es sollen doppelt so viele männliche wie weibliche Einwanderer kommen. (Diese Annahme gründet sich auf die Erfahrung, dass die Einwanderungsbevölkerung meistens männlich ist.)
- Die Gesamtzahl der Einwanderer sei 315.000 je Jahr. (Diese Annahme folgt der Logik, dass die fehlenden Geborenen durch Einwanderer ersetzt werden sollen.)
- Die Einwanderer zeigen das gleiche Reproduktionsverhalten wie die bereits hier lebende Bevölkerung. (Nur mit dieser Annahme können wir mit einheitlichen Geburtenwahrscheinlichkeiten rechnen.) Allerdings: diese Annahme ist sicher falsch!

2.8 Die dynamische Bevölkerung

Die stationäre Bevölkerung ist allein durch die verwendete Sterbetafel definiert. Die Sterbetafel ist relativ fix, ihre Änderungen erfolgen sehr langsam. Durch menschliches Tun kann eine Absenkung der einjährigen Sterbewahrscheinlichkeiten kaum erreicht werden. Um die Sterbewahrscheinlichkeiten zu erhöhen, hält die Natur und noch mehr der Mensch unendlich viele Möglichkeiten bereit, allerdings werden diese gewaltsamen Sterbefälle von den Statistikern gern unterdrückt.

Die dynamische Bevölkerung hat diese drei Elemente:
- Sterbetafel (einjährigen Sterbewahrscheinlichkeiten)
- Geburtenwahrscheinlichkeiten
- Männlich/weiblich Verteilung der Geborenen.

Diese drei Elemente bestimmen die „natürliche Bevölkerungsbewegung".

Wir bauen uns ein neues Arbeitsblatt:

				Tabelle 2.8 Dynamische Bevölkerung								
x				stationäre Bevölkerung; Zeit 0; Bais			Zeit 1			Zeit 2		
	q_x	q_y	g_y	^0l_x	^0l_y	^0K_y	^1l_x	^1l_y	^1K_y	^2l_x	^2l_y	^2K_y
0				100000	100000	Σ^0K^y			Σ^1K_y			Σ^2K_y
1												

Die Spaltengruppen „Zeit" sind in ihrer Unterteilung (Reihenfolge der Spalten) gleich aufgebaut, um uns die Arbeit zu erleichtern. Die Spaltenüberschriften sind in jeder Spaltengruppe mit der hochgestellten jeweiligen Zeit gekennzeichnet. Wir können beliebig viele Spaltengruppen „Zeit" erzeugen. Die Spaltengruppe der Zeit 0 ist für die Lebenden unsere bekannte stationäre Bevölkerung.

Die Spalte „K" (Kinder) ist eine Hilfsspalte, in ihr werden die Zahl der Kinder ermittelt. Die Summe dieser Spalte ist die Kinderzahl (l_0 männlich plus weiblich!) der jeweils folgenden Zeit.

Die Werte der Spalte g_y (Geburtenwahrscheinlichkeit in Abhängigkeit vom Alter der Mutter) bekommen wir vom Statistischen Bundesamt.

Zeitgruppe 0. Die Werte für l_0 (männlich und weiblich) setzen wir auf jeweils 100.000. Die weiteren Werte dieser beiden Spalten berechnen wir wie bekannt (altern):
$l_x+1 = l_x * (1 - q_x)$ bzw. $l_y+1 = {}_ly * (1 - q_y)$.

Die Werte der Hilfsspalte K werden als Produkt von g_y und dem Wert der l_y der gleichen Zeitgruppe berechnet: $K_y = g_y * l_y$. Die Summe der Spalte K ist die Gesamtkinderzahl der folgenden Zeitgruppe.

Aus der Summe der Spalte K errechnen wir die Null-Jährigen männlich und weiblich der folgenden Zeitgruppe:

männlich $l_0 = 0{,}515 * \Sigma K$ und weiblich $l_0 = \Sigma K -$ männlich l_0.

Die Alterung der weiteren Werte der Lebenden ist bekannt. Die Rechenschritte für die Hilfsspalte K der gleichen Zeitgruppe und die Berechnung der nächsten folgenden Zeitgruppe wiederholen sich.

Hinweis: In den Rechenformeln werden die Spalten q_x, q_y und g_y fix adressiert!

Beispiel:
Zeit 1
männlich $^1l_0 = 0{,}515 * \Sigma^0 K$
weiblich $^1l_0 = \Sigma^0 K$ - männlich $^1l_0$

Zeit 2
männlich $^2l_0 = 0{,}515 * \Sigma^1 K$
weiblich $^2l_0 = \Sigma^1 K$ - männlich $^2l_0$

Auf diese Weise können wir auf einem Tabellenkalkulationsblatt eine dynamische Bevölkerung mit so vielen Durchläufen darstellen, wie uns das Rechenblatt Spalten bereitstellt. Zugegeben, etwas aufwändig – wer eine Programmiersprache beherrscht, hat es erheblich leichter.

Wir erkennen:
- In einer dynamischen Bevölkerung hängt die Last der Kinder und der Rentner von der Zahl der Geburten ab.

Nach dem 15. Durchlauf beginnen sich langsam, mit jedem Durchlauf mehr, die von uns prognostizierten Mädchen als Mütter in die Statistik einzuschleichen. Nach dem 30. Durchlauf kommen die von den von uns prognostizierten Mädchen geborenen Mädchen ins Spiel. Wir haben in unserem Modell zunehmend mehr von uns prognostizierte Menschen, das sollten wir nie vergessen.

2.9 Reale Bevölkerung.

Die Daten der realen Bevölkerung l_x und l_y bekommen wir vom Statistischen Bundesamt. Der Aufbau der Tabelle entspricht der Tabelle 2.6.1, allerdings mit dem wesentlichen Unterschied, dass wir die Null-jährigen jetzt nicht selbst setzen, sondern die realen Werte des Statistischen Bundesamtes einsetzten.

Die Spalte K Berechnen wir selbst; das sind ja die Gesamtkinderzahl für den folgenden Durchlauf, wenn wir eine Zeitreihe aufbauen.

x	Tabelle 2.9 Reale Bevölkerung					
	Sterbetafel [Jahr] verlängert auf 125		Geburtenwahrscheinlichkeit [Jahr] g_y	männlich l_x	weiblich l_y	Kinder ^0K_y
	q_x	q_y				
0			0			0
1			0			0
...						
124			0			0
125	1,000.00	1,000.00	0			0
Summe	-	-	[Σg_y]	[Σl_x]	[Σl_y]	[Σ^0K_y]
Summe gesamt	-	-	-	[Σl_x] + [Σl_y]	-	

Mit dieser realen Bevölkerung können wir jetzt alle Manipulationen durchführen, die in den vorstehenden Beispielen gezeigt wurden, und so einen Blick in die Zukunft tun, um zum Beispiel nachzuprüfen, ob wir – und wenn wann – in die drohende Rentner-Überlast kommen – und was uns sonst noch blüht.

3. Die Last der Erwerbsfähigen

Bei den Lastquoten sind mindestens zu unterscheiden:
- Lastquoten, berechnet allein aus den demographischen Werten, also allein der Anzahl der Menschen.
- Lastquoten, die die Belastung in Geld betreffen.

3.1 Lastquoten, abgeleitet aus der Demographie

Für die Lasttragung ist es gleichgültig, ob wir von einem reinen steuerfinanzierten System, einem reinen beitragsfinanzierten System ausgehen oder – wie derzeit nach unserer Rechtslage – eine Mischung davon.

Es ist offensichtlich, dass die Rentner die Last ihrer Renten nicht tragen. Ebenso ist offensichtlich, dass die Kinder diese Last ebenfalls nicht tragen, weil sie es gar nicht können. Aus dieser Grundüberlegung ergibt sich eine Dreiteilung der Bevölkerung in diese Gruppen:
- Kinder (die noch nicht Erwerbsfähigen),
- Erwerbsfähig (im erwerbsfähigen Alter)
- Rentner (die nicht mehr Erwerbsfähigen).

Für die ersten Überlegungen bauen wir uns ein Modell einer Bevölkerung, dieses Modell werden wir schrittweise der Realität anpassen. Unsere Modellbevölkerung besteht aus 126 Jahrgängen. Das Modell beginnt mit dem Alter 0, wie es der Realität entspricht. Unser Modell endet mit dem Höchstalter 125; der älteste Mensch, von dem ich gehört habe, sei im Alter von 122 Jahren gestorben; dieses Alter sei nach neuen Forschungen auch so ungefähr das maximale Alter, das das Lebewesen Mensch angeblich erreichen könne – und wir richten unsere Sterbetafeln ja auch auf dieses Alter aus.

Beispiel 1
Annahmen:
- Alle Altersjahrgänge sind genau mit einem Element belegt.
- Die Altersgrenzen setzen wir mit:

Kinder/Erwerbsfähige: 20/21
Erwerbsfähige/Rentner: 65/66

Es gibt dann:
0 bis 20 = 21 Kinder,
21 bis 65 = 45 Erwerbsfähige,
66 bis 125 = 60 Rentner
126 Gesamtbevölkerung

Die Last der Erwerbsfähigen ist dann:
21/45 = 0,47 Last der Kinder
60/45 = 1,33 Last der Rentner
1,80 Gesamtlast; jeder Erwerbsfähige hat für 1,8 andere zu sorgen.

Merksatz
Die Gesamtlast der Erwerbsfähigen ist die Summe der Einzellasten der Kinderlast und der Rentnerlast.

Beispiel 2a

Wir modifizieren die Annahmen vom Beispiel 1; wir lassen die Altersgrenzen unverändert, halbieren jedoch die Belegungszahl für die Kinder- und die Rentnergruppe. Die Lastberechnung ist dann:

(21 / 2) / 45 = 0,235 Kinderlast
(60 / 2) / 45 = 0,667 Rentnerlast.
0,902 Gesamtlast; jeder Erwerbsfähige hat jetzt nur für 0,9 andere zu sorgen.

Merksatz
Die Last der Erwerbsfähigen kann durch die Senkung der Anzahl der Kinder und/oder der Rentner gesenkt werden.

Beispiel 2b

Wir modifizieren die Annahmen vom Beispiel 1, wir lassen die Altersgrenzen und die Belegung der Rentner unverändert, halbieren jedoch die Belegungszahl der Kinder. Die Lastberechnung ist dann:

(21 / 2) / 45 = 0,235 Kinderlast
60/45 = 1,333 Last der Rentner
1,568 Gesamtlast; jeder Erwerbsfähige hat jetzt nur für 1,568 andere zu sorgen.

Merksatz
Die Gesamtlast kann, wenn die Last der Rentner nicht gemindert werden kann, nur durch Senkung der Kinderlast – praktisch der Kinderzahl – erreicht werden.

Merksatz
Die erzwungene Last der Rentner führt zu weniger Kindern!

Beispiel 3a

Annahmen:
- Alle Jahrgänge sind jeweils mit genau einem Element belegt.
- Die Altersgrenze für Kinder/Erwerbsfähige wird auf 19/20, die für Erwerbsfähige/Rentner auf 65/66 gesetzt. Das ergibt dann:

0 bis 19 = 20 Kinder,
20 bis 65 = 46 Erwerbsfähige,
66 bis 125 = 60 Rentner
126 Gesamtbevölkerung

Die Last der Erwerbsfähigen ist dann:
20/46 = 0,435 Last der Kinder
60/46 = 1,304 Last der Rentner
1,739 Gesamtlast; jeder Erwerbsfähige hat für 1,7 andere zu sorgen. Die Abweichung zum Beispiel 1 ist nur gering.

Die Grenze zwischen Kindern/Erwerbsfähigen wird kaum diskutiert, sie ist kaum im Streit und bringt, wie hier gezeigt, ja auch nur sehr wenig. Der Wert ergibt sich aus folgender Überlegung: Mit etwa 6 Jahren beginnt die Schulpflicht, 4 Jahre Grundschule und 8 bis 9 Jahre Oberschule ergibt das Alter von 18 bis 19 Jahren. Für viele folgt noch die weitere Ausbildung mit einem Studium, das je nach Fachgebiet mindestens 3 bis 4 Jahre dauert, bei etlichen Fächern aber auch mit 6 und mehr Jahren anzusetzen ist. Wenn hier mit einem Durchschnittswert von 20 Jahren gerechnet wird, so ist dieser Wert eher zu niedrig als zu hoch angesetzt – was in der Lastrechnung eher zu wenig als zu hoch ist. Kinder kosten eben viel Geld, jedes Kind ungefähr ein Einfamilienhaus auf dem Lande.

<u>Beispiel 3b</u>
Annahmen.
- Alle Jahrgänge sind jeweils mit genau einem Element belegt.
- Die Altersgrenze für Kinder/Erwerbsfähige wird auf 20/21, die für Erwerbsfähige/Rentner auf 70/71 gesetzt. Das ergibt dann:
  0 bis 20 =   21 Kinder,
  20 bis 70 =   50 Erwerbsfähige,
  71 bis 125 =   <u>55 Rentner</u>
                 126 Gesamtbevölkerung

Die Last der Erwerbsfähigen ist dann:
21/50 = 0,42 Last der Kinder
55/50 = <u>1,10</u> Last der Rentner
        1,52 Gesamtlast; jeder Erwerbsfähige hat für 1,5 andere zu sorgen. Die Abweichung zum Beispiel 1 ist deutlich.

<u>Merksatz</u>
Die Last der Erwerbsfähigen kann durch Verschieben der Altersgrenze beeinflusst werden.
- *Die Kinderlast sinkt (steigt) mit der <u>Senkung</u> (Erhöhung) des Grenzalters.*
- *Die Rentnerlast sinkt (steigt) mit der <u>Erhöhung</u> (Senkung) des Renteneintrittsalters.*

Es wurde bisher zwar von der "Last der Erwerbsfähigen" gesprochen, es wurden aber einfach die Zahlen der Bevölkerungsstatistik benutzt, es hätte also genauer von der "Last, der im erwerbsfähigen Alter stehenden" gesprochen werden müssen, denn nicht jeder, im wie auch immer definierten "Alter der Erwerbsfähigen", ist auch erwerbsfähig oder erwerbstätig.

Wenn wir also von der "Last der Erwerbstätigen" sprechen wollen, dann müssen wir deren Zahl erst ermitteln oder doch wenigstens abschätzen. Sicher ist eins: Die Zahl der tatsächlich Erwerbstätigen ist geringer als die Zahl der im erwerbsfähigen Alter stehenden.

Von der Zahl der im erwerbsfähigen Alter stehenden müssen wir also mindestens abziehen:
- Die Zahl der offiziell Arbeitslosen.
- Die Zahl der heimlich Arbeitslosen; dies sind die Arbeitslosen, die durch irgendwelche Maßnahmen der Arbeitsämter (zum Beispiel Fortbildung) aus der offiziellen Statistik herausfallen aber vor allem die, die zwar gerne arbeiten würden, sich aber aus irgendeinem Grund nicht beim Arbeitsamt als arbeitslos gemeldet haben.
- Die Zahl der (zeitweilig) Kranken.
- Die Zahl derer, die, egal warum, nicht arbeiten können oder wollen.
- Als Folge dieser notwendigen Korrekturen erhöht sich die Lastquote der Erwerbstätigen erheblich.

Diese Korrekturen sind um so notwendiger, je enger die Finanzierung der Renten an die Erwerbstätigkeit gebunden ist, so wie es bei uns derzeit durch den Rentenversicherungsbeitrag, berechnet auf das Einkommen der nichtselbständigen Erwerbstätigen, geschieht. Eine andere Art der Finanzierung, zum Beispiel ein Zuschlag auf die Mehrwertsteuer, würde diese Korrekturen nicht erforderlich machen.

3.2 Lastquote in Geld

Die Lastquote bezieht sich bisher allein auf die Anzahl der Personen. Die Last in Geld ausgedrückt ist aber das Produkt aus der Anzahl der Personen einer Gruppe und dem durchschnittlichen Geldaufwand für eine dieser Personen.

Ein solches Produkt kann nun auch anwachsen, wenn der eine Faktor konstant bleibt oder sogar fällt, wenn nur der andere Faktor entsprechend stärker steigt. Praktisch bedeutet dies: Werden die Ausgaben für den einzelnen Rentner gesenkt, dann sinkt auch bei konstanter Rentnerzahl die Altenlast, jetzt aber in Währungseinheiten ausgedrückt. Man kann also die Gesamtlast, jedenfalls so weit es um Geld geht, auch dadurch senken, dass die durchschnittlichen Ausgaben je Lastverursacher (Rentner, Kind) gesenkt werden. Die heutigen Bemühungen, die Renten zu senken, laufen auf diese Art der Entlastung hin.

Der einzelne Bürger kann seine individuelle Belastung in Geld sehr entscheidend beeinflussen. Dazu folgende Überlegung: Die Zwangsabgaben durch Steuern und Beiträge, die zum Teil zur Deckung der Kosten für Rentner sowie Kinder und Jugendliche verwendet werden, treffen ihn weitgehend unabhängig von seinen individuellen persönlichen Verhältnissen.

- Jeder hat Eltern, ob diese Eltern auch zu einer besonderen Belastung werden, hängt von vielen Dingen ab, zum Beispiel:
  - Deren Tod (mit dem Tod endet auch jede mögliche Belastung),
  - Pflegebedürftigkeit (die Pflegeversicherung gibt bestenfalls Geld; die durch persönliche Pflege, früher die Norm, entstehende Belastung bleibt),
  - Allgemeiner Unterhalt: reichen die Renteneinkünfte der Eltern, um davon leben zu können oder muss der Unterhaltsverpflichtete (jetzt das Kind!) zuzahlen? Um so größer und umfangreicher die Leistungen der Gemeinschaft in Form von Rente, Pflegegeld, Altersheim usw. werden, um so mehr kann sich der einzelne Bürger seiner individuellen Unterhaltspflicht entziehen.
- Am anderen Ende, der Last der Folgegeneration, sind die Freiheiten des einzelnen Bürgers viel größer. Wer keine Kinder hat, oder sich den Unterhaltsverpflichtungen erfolgreich entzieht (zum Beispiel durch erfolgreiche Abwehr einer Vaterschaftsklage) der hat hierfür auch keine Lasten zu tragen. Die aber, die für Nachkommen sorgen und diese auch aufziehen, sind neben den allgemeinen Belastungen auch noch mit den individuellen Lasten eines Kindes beladen. Diese Lasten werden keineswegs durch die vom Staat gewährten Zahlungen ausgeglichen, denn einmal ist dies eben nur Geld, und zwar auch nicht annähernd in der Höhe der Kosten, und zum anderen ist dieser Aufwand eine persönliche Dienstleistung am Kind und an diesem Teil

der Last beteiligt sich die Gemeinschaft gar nicht. Die Kinderlosen sind hier also eindeutig im Vorteil, jedenfalls so lange, wie sie sich, ohne an der Last für die Folgegeneration selbst beteiligen zu müssen, später den Vorteil von eben dieser Folgegeneration unterhalten zu werden, nutzen können. Genaugenommen findet hier ein Schmarotzerleben der Kinderlosen auf Kosten der Kinderhabenden statt.

Bei gegebener Bevölkerungsstruktur bestimmt das Renteneintrittsalter die Altenlastquote oder umgekehrt: Die als erträglich angesehene Altenlastquote bestimmt das früheste Renteneintrittsalter.

Ein einfaches Zahlenbeispiel soll die Problematik verdeutlichen. Wir nehmen an, dass jeder im erwerbsfähigen Alter für 1 Kind und 1 Rentner aufkommen muss. Dann muss sein Einkommen von 100 für drei Personen reichen (er selbst, 1 Kind, 1 Rentner); bei gleicher Aufteilung bekäme jeder Eindrittel, also 33 Prozent. Die politische Forderung, der Rentner solle 50 Prozent bekommen, lässt sich nur realisieren, wenn der Erwerbstätige für sich und das Kind lediglich jeweils 25 Prozent verwenden. Ist dem Erwerbstätigen dieser Anteil aber zu gering, dann wird er am Kind sparen, praktisch also weniger Kinder haben. Dieses Beispiel ist zwar grob vereinfacht, zeigt aber die Problematik: Zwangsweise Abgaben für hohe Renten führen geradezu zwingend zu weniger, zu wenigen Geburten. Das führt dann wieder zu weniger Erwerbstätigen, wodurch sich das Problem in die Folgegeneration fortsetzt: Das Rentensystem schafft sich selbst ab.

Unser Modell ist bisher recht grob geschnitten, die Möglichkeiten aus diesem sehr einfachen Modell Erkenntnisse zu ziehen sind erschöpft. Wie sehen die Lastquoten in einer Population aus, die unserer Sterbetafel entspricht? Wir kehren zurück zu unseren Modellen im Abschnitt Bevölkerungsstatistik und führen nun die gleichen Rechnungen mit der Varianten der Bevölkerung aus.

4. Alterssicherung ohne Kinder?

Brauchen wir eine Versicherung? Menschen gibt es einige Hunderttausend bis zu über einer Million Jahre - je nach Forscheransicht. Und diese Menschen haben sich, wie wir leicht aus den heutigen Bevölkerungsproblemen ableiten können, in dieser Zeit, wenn auch mit Schwankungen recht gut vermehrt. In der längsten Zeit ihrer Existenz lebten die Menschen ohne eine Versicherung, ja sie kannten nicht einmal diesen Begriff. Der Mensch ist ein sozial lebendes Tier. Die Menschen lebten in kleinen Gemeinschaften, die Sicherheit des einzelnen Individuums ergab sich aus der Zugehörigkeit zu der Familie, der Sippe, der Gruppe, wie immer man diese Überfamilie nennen will. Und in dieser Gemeinschaft lebten Menschen mehrerer Generationen zusammen. Im heutigen Sprachgebrauch also Kinder, Erwerbsfähige und Rentner. Nein Rentner gab es ganz sicher nicht, aber sehr wohl alte Menschen - und wieder in unserem Sprachgebrauch - mit verminderter Erwerbsfähigkeit. Das, was wir heute so modern den „Generationenvertrag" nennen, war auch ohne dieses Schlagwort selbstverständlich: Jeder unterstützte den Verband nach seinen Kräften und wurde im Gegenzug von der Gemeinschaft unterstützt. Wir dürfen wohl annehmen, dass die Menschen auch vor Jahrtausenden, ja vor Jahrzehntausenden, sehr wohl wussten, dass sie älter werden und dass sie dann auf die Hilfe und Unterstützung der jüngeren, der Nachfolgegeneration angewiesen sein werden. Es ist aber wohl zweifelhaft, dass sie aus dieser Überlegung wissentlich für Nachwuchs gesorgt haben, unzweifelhaft aber ist, dass sie Nachwuchs hatten.

Erst wenn diese Klein-Gemeinschaft - egal aus welchem Grund - sich auflöst, entstehen Versicherungsgründe: Die Sicherheit, die der Einzelne bisher in der Klein-Gemeinschaft gefunden hatte, sucht er nun über die Versicherung in der Versichertengemeinschaft, vertreten durch den Versicherer bzw. den Träger der Versicherung.

Da wir nun einmal nicht zurück zur Überfamilie der Vorzeit gehen wollen, den Weg sogar umgekehrt immer weiter in Richtung auf den Einzelgänger, Single genannt, gehen, brauchen wir die Sicherheit der neuen Überfamilie, der

Versichertengemeinschaft, des Staates. Wer allerdings glaubt, nun der Notwendigkeit für Nachwuchs zu sorgen, entronnen zu sein, der irrt, wie das folgende kleine Gedankenmodell zeigt.

In diesem Modell teilen wir die Bevölkerung unseres Landes in 5 Altersgruppen auf:
Gruppe A: die 0 - 19-Jährigen
Gruppe B: die 20 - 39-Jährigen
Gruppe C: die 40 - 59-Jährigen
Gruppe D: die 60 - 79-Jährigen
Gruppe E: die 80 Jahre alten und älteren.

Wir stellen uns dann vor, dass genau die von Ihnen, geehrter Leser, bevorzugte und für richtig gehaltene Finanzierungsart der Altersversorgung eingeführt sei und auch von der ganzen Bevölkerung als die einzig richtige begeistert begrüßt wird.

Für unser Modell wollen wir dann weiter annehmen, dass das Parlament einstimmig und unter nicht endendem Beifall der Bevölkerung beschließt:
- Die Grenzen werden ab sofort für jeden Ein- und Ausreiseverkehr geschlossen (im Modell heißt das ein geschlossenes System),
- Es werden keine Kinder mehr geboren.

Betrachten wir jetzt die Entwicklung unseres Modells:
- Am Tage dieses trefflichen Beschlusses (Modelljahr: 0): Es gibt keine erkennbaren Änderungen gegenüber den Zuständen tags zuvor. Alles funktioniert wie bisher.
- 20 Jahre später (Modelljahr: 20). Die Bevölkerungsgruppe E (die ehedem 80 Jahre alten und älteren) sind alle, die Angehörigen der Bevölkerungsgruppe D (der ehedem 60 bis 79-Jährigen) zum größten Teil gestorben. Die anderen Bevölkerungsgruppen sind entsprechend alle um 20 Jahre gealtert. Kindergärten, und Schulen sind abgeschafft, da es keine Kinder mehr gibt. Produzenten von Kinderkleidung und Babynahrung haben sich auf andere Produktionen umgestellt. Da für die Folgegeneration keine Kosten entstehen, lebt die Modellbevölkerung recht gut.
- Weitere 20 Jahre später (Modelljahr: 40). Inzwischen sind auch die letzten der Bevölkerungsgruppe D und die Mehrzahl der Bevölke-

rungsgruppe C gestorben. Die jüngsten Bürger der Modellgesellschaft sind 40 Jahre alt. Die Universitäten haben mangels Studenten ihren Lehrbetrieb eingestellt, die verbleibenden Professoren klammern sich an ihre Stellen. Die Wirtschaft hat sich auf die neuen Verhältnisse eingestellt. Umlagefinanzierte Altersversorgungssysteme kranken am Mangel an Beitragszahlern. Systeme nach dem Kapitaldeckungsverfahren scheinen sich zu bewähren. Bevölkerungsprognostiker stellen fest, dass die Modellbevölkerung unrettbar dem Untergang geweiht ist, da sie nicht mehr reproduktionsfähig ist.
- Abermals 20 Jahre weiter (Modelljahr: 60). Die letzten der Bevölkerungsgruppe C und die meisten der Bevölkerungsgruppe B sind gestorben, die Jüngsten Bürger der Modellgesellschaft sind 60 Jahre alt. Die Wirtschaft ist leicht dahingestorben, die Versorgung beginnt zusammenzubrechen. Umlagefinanzierte Altersversorgungssysteme sind bereits zusammengebrochen, die Systeme nach dem Kapitaldeckungsverfahren feiern ihren Sieg. Allerdings können die Bezieher von Renten immer seltener noch jemand finden, der ihnen für ihre monetären Rentenbezüge auch reale Dinge verkauft: Es gibt einfach kaum noch Menschen, die arbeiten und Güter erzeugen und verteilen können.
- 20 Jahre später (Modelljahr: 80). Da die letzten bisher Überlebenden nicht mehr in der Lage sind, sich zu versorgen, sterben sie schnell dahin.

Oh, werden Sie sagen, es wäre alles gut gegangen, wenn wir nur die Einwanderung zugelassen hätten. Bitte sehr, wir starten unser Modell noch einmal mit der einzigen Änderung, dass wir die Grenzen für Einwanderungen offen halten, selbstverständlich lassen wir nur junge und arbeitsfähige Menschen herein, die Einwanderer kommen also stets im Alter zwischen 20 und 39 Jahren.

Wir starten unser Modell neu:
- Modelljahr 0. Keine Änderung gegenüber unserer ersten Variante.
- Modelljahr 20. Keine Änderung gegenüber unserer ersten Variante.
- Modelljahr 40. Die Universitäten haben wieder Studenten, die umlagefinanzierten Altersversorgungssysteme haben keinen Mangel an Beitragszahlern. Die Eingewanderten protestieren allerdings gegen das Kinderverbot, es entspricht schließlich nicht ihren überkommenen Sitten und Gebräuchen. Die ersten Einwanderer erkennen, dass sie als

Beitragszahler ausgenutzt werden sollen, es beginnt ein leichtes Murren.
- Modelljahr 60. Die Einwanderer haben die gesamte Wirtschaft und Verwaltung übernommen. Sie schaffen das Kinderverbotsgesetz ab, und sperren der alten Ursprungsbevölkerung jede weitere Unterstützung, die daraufhin laut klagend und bei der UN die Menschenrechte einfordernd glücklicherweise an ihrer eigenen Dummheit und Unfähigkeit schnell ausstirbt.

Und die Moral: Selbst wenn die Einwanderer den Zusammenbruch der umlagefinanzierten Altersversorgungssysteme und der Wirtschaft verhindern, so denken sie doch gar nicht daran, sich als Arbeitsknechte und Beitragszahler ausbeuten zu lassen.

Das einfache Modell zeigt deutlich:
- Ohne die Reproduktion, ohne eigene Kinder, funktioniert keine Altersversorgung, gleichgültig, nach welchem System sie auch finanziert werden soll.
- Einwanderung kann eigene Kinder nicht ersetzen.

Der Einwand, dass eine derartige sterbende Gesellschaft ja unrealistisch sei, steht aber nicht. Denn das, was hier für die Bedingung „keine Kinder", vorgeführt wurde, gilt natürlich auch, wenn auch etwas abgeschwächt, für die Bedingung „zu wenig Kinder", und diese Bedingung ist, wie sich langsam herumgesprochen hat, seit mehr als einem viertel Jahrhundert (genauer: 1970/1972) Realität.

Aus diesem Modell lernen wir, wie auch immer wir unsere Versicherung konstruieren, sie darf auf keinen Fall den (Neben-)Effekt haben, dass es Vorteile bietet, keine oder zu wenig Kinder zu haben, denn dann wird das System sich selbst auslöschen.

Es gibt keine Altersversorgung ohne eine hinreichende Zahl eigener Kinder. Bei der für uns geltenden Sterbetafel sind dies rund 2,1 Kinder je Frau. Liegt die Kinderzahl darunter, so haben wir eine schrumpfende Bevölkerung mit den sich daraus ergebenden langfristig wirkenden Problemen für die Altersversorgung.

5. Finanzierung

Es gibt grundsätzlich drei Arten der Altersvorsorge und deren Finanzierung:
- Biologische Vorsorge (eigene Kinder)
- Kapitalansammlung (Sparen)
- Umlagefinanzierung.

5.1 Biologische Vorsorge (eigene Kinder)

Die älteste und über einige Hunderttausend Jahre bewährte Form der Altersvorsorge ist die Investition in die Folgegeneration, die eigenen Kinder. Keine moderne Altersvorsorge, weder die Form der Kapitalansammlung und noch viel weniger die Umlagefinanzierung kommt ohne die Folgegeneration aus.

Damit die biologische Altersvorsorge funktioniert, ist mindestens erforderlich:
1. Die Nachkommen müssen da sein (geboren werden) und ein hinreichendes Alter erreichen (erwachsen werden),
2. Die Nachkommen müssen in der Lage sein, die Altersversorgung ihrer Eltern zu übernehmen,
3. Die Nachkommen müssen die Altersversorgung ihrer Eltern übernehmen wollen, es muss also die Bereitschaft für diese Handlung bestehen.

5.2 Kapitalansammlung

Kapitalansammlung ist möglich in:
- Nominalwerten;
- Realwerten.

Die Risiken der Kapitalansammlung sind:
- Inflationsverluste bei allen Nominalwerten

- Steuerrisiko
- Verlust und Enteignung in allen Spielarten.

Das Risiko entsteht, weil da etwas vorhanden ist, was auch ein anderer gerne hätte, der nun auf die eine oder andere Art versucht, auf dieses fremde Vermögen zuzugreifen. Der einzige Schutz dagegen sind Vorsorgeformen, die kein Vermögen ansammeln.

5.2.1 Sparen in Nominalwerten

Für die Finanzierung spielt es keine Rolle, wer das Kapital ansammelt, es ist also gleichgültig, ob dies der Begünstigte selbst oder ein Dritter für ihn tut. Spart der Begünstigte selbst (freiwillig oder unfreiwillig) dann ist dies die normale Form. Spart ein Dritter für den Begünstigten, dann wird dies meist der Arbeitgeber sein. Auch in diesem Fall ist es gleichgültig, ob der Dritte freiwillig oder unfreiwillig handelt.

Sparkapital in Nominalwerten bringt (normalerweise) Zinserträge.

Sparkapitel in Nominalwerten unterliegt der Inflation. Die DM hatte im Mittel eine Inflationsrate von über 2 Prozent. Auch der Euro soll, nach Zielsetzung der EZB (Europäische Zentralbank) eine Inflationsrate von „knapp unter 2 Prozent" haben:

Realkapital bei einer Inflationsrate von						
Jahre	2%	3%	4%	5%	6%	10%
30	0,55	0,41	0,31	0,23	0,17	0,06
50	0,37	0,23	0,14	0,09	0,05	0,01
70	0,25	0,13	0,06	0,03	0,02	0,00

5.2.2 Sparen in Realwerten

Im Gegensatz zu der (festen) Verzinsung bei Nominalwerten kennen Realwerte nur den Ertrag. Es ist typisch, dass der Ertrag einer Realanlage über die Zeit nicht fix ist, sondern schwanken kann, er kann auch über längere Zeit oder sogar auf Dauer auf null absinken, eventuell sogar darunter.

Wesentlich ist aber, dass Realwerte nicht der Inflation unterliegen, sie werden daher als inflationsimmun angesehen. Diesem Vorteil steht aber entgegen, dass der Wert einer Realanlage über die Zeit durchaus schwanken kann.

Eine Sonderform der Realwerte sind Immobilien. Grundstücke können sich nicht im Laufe der Zeit aufzehren.Sie können aber durch kriegerische Handlungen (Gebietsabtretungen) oder durch Naturereignisse verloren.

Die Frage, wie weit sich Realkapitalanlagen für die Altersvorsorge eignen, kann nur im Einzelfall und meist erst hinterher, also im zeitlichen Rückblick, richtig beurteilt werden. Als Alterssicherung müssen sie im Alter, also zu einem praktisch vorgegebenen Zeitpunkt, flüssiggemacht (oder genutzt) werden können. Ist ihr Preis dann gerade in dem berühmten Keller (oder die geplante Nutzung nicht möglich), dann war die ansonsten beste Realkapitalanlage falsch.

5.2.3 Steuern

Alle Formen der Kapitalansammlung unterliegen der Besteuerung. Allerdings ist die tatsächliche Belastung der einzelnen Kapitalanlage sehr unterschiedlich. Da der Steuersatz, bezogen auf den Zins oder Ertrag sehr hoch ist, führt diese Belastung zu einer völligen Durchmischung der Anlageformen: was eben noch vor-Steuern einen hohen Zins oder Ertrag brachte, kann nach-Steuern im Vergleich zu anderen Anlagen geradezu wertlos geworden sein. Eine Rentabilitätsrechnung ohne Beachtung der Steuer führt also zwingend in die Irre. Da das Steuerrecht nicht sehr beständig ist und praktisch keinen Vertrauensschutz kennt, sind sichere langfristige Rentabilitätsrechnungen nicht möglich. Als Grundregel kann man jedoch annehmen, je höher das vorhandene angesammelte Kapital und je leichter der staatliche Zugriff darauf ist, um so größer ist das Steuerrisiko.

5.2.4 Private Eigenvorsorge

Einige Überlegungen zu den Größenordnungen. Wir wollen einmal annehmen, dass bei den heutigen Preisen eine Monatsrente von 1.000 Euro für eine Person ausreicht. Wir rechnen in Jahresbeträgen: Die Jahresrente ist also

1.000*12 = 12.000 Euro. Soll diese Rente für zwanzig Jahre gezahlt werden, dann muss das Kapital (12.000 * 20 =) 240.000 Euro betragen; muss das Kapital für 30 Jahre Rentenzahlung reichen, dann brauchen wir (12.000 * 30 =) 360.000 Euro.

An dieser Stelle greift der geübte Vertreter eines Sparplans zu seinem Laptop und rechnen uns ganz schnell vor, dass ein Betrag von 300.000 Euro (zum Alter 65) über 35 Jahre mit 6% angespart nur einen Monatssparbetrag von 211,65 Euro erfordert. Das ist nach den Regeln der Finanzmathematik auch so ungefähr richtig (300000/(118,12087*12); [118,12087 ist der Rentenendwertfaktor für 6% und n=35]. Aber:
- Wer garantiert für die ganze Laufzeit einen Zinssatz von (nominell) 6%?
- Am Ende der Laufzeit sind die jährlichen Zinserträge rund 300.000*6% = 18.000 Euro. Und dieser Zinsbetrag unterliegt der Steuerpflicht. Man wird kaum mehr als die Hälfte davon auf seinem Konto behalten.
- Sparpläne werden von irgendwem verwaltet und wer verwaltet, will für seine Tätigkeit auch bezahlt werden, das heißt, die Nominalzinserträge werden sich auch noch um die zu zahlenden Gebühren mindern.

Im Ergebnis ist also die Rechnung unseres Sparplanvertreters trotz finanzmathematischer Richtigkeit eben doch falsch. Bleiben wir also auf der sicheren Seite und rechnen mit Zinssatz 0% in der Hoffnung, dass wir dadurch auch gleich einen geringen Inflationsausgleich eingerechnet haben. Die obigen 300.000 Euro ohne Zinsen über 35 Jahre angespart, ergeben dann einen Monatssparbetrag von (300.000/(35*12)=) 714,29 Euro - und das ist schon ein ganz anderer Betrag.

Aber es kommt noch schlimmer: Wir haben bisher mit festem Geldwert gerechnet. Unsere DM-Währung galt seit der Währungsreform 1948 als eine der stabilsten Währungen der Welt, trotzdem war der Wert der DM in den rund 50 Jahren ihres Bestehens auf rund ein Viertel gefallen, das heißt, wir hatten eine mittlere Inflationsrate von knapp 3%. Wenn nun die Inflation in der von uns angenommenen Ansparzeit von 35 Jahren ebenfalls im Mittel 3% beträgt, dann fällt in dieser Zeit der reale Geldwert auf rund ein Drittel, sollte uns aber das Glück hold sein und die mittlere Inflationsrate nur 2% betragen, dann fällt der reale Geldwert immer noch auf die Hälfte. Dieser fallende Geldwert bedeutet aber, dass wir unsere angenommenen Kapitalbeträge - und mit ihnen unsere Sparbeträge - entsprechend erhöhen müssen. Unsere geforderte Monatsrente von 1.000 Euro (zu heutigen Preisen) wird also sehr schnell zu einem Millionenprojekt. Mit unserem Renteneintritt macht die Inflation aber nicht halt, der reale Wert unserer Rente schwindet von Jahr zu Jahr dahin. Wohl dem, der bei Zeiten stirbt, denn die Letzten beißen vielleicht nicht die Hunde, aber ganz sicher die Inflation.

Die Idee, seine Altersversorgung allein in Nominalwerten ansparen zu wollen, erscheint angesichts der tückischen Gegner Inflation und Steuer kaum realisierbar zu sein. Die Verhältnisse ändern sich aber schnell, wenn das Sparverhalten geändert wird. Denn eine Sonderstellung nimmt das selbst bewohnte Eigenheim ein, am besten mit Garten und Einliegerwohnung. Ist ein solches Objekt vorhanden, schuldenfrei und gut instand, dann kann es - je nach Gegend - einer Rente von unter 250 bis über 1000 Euro monatlich gleichgesetzt werden, weil die Ausgaben für Miete gespart werden, die leicht die Hälfte im Rentnerhaushalt ausmachen. Der Garten, richtig genutzt, trägt zur Versorgung bei und die Einliegerwohnung bringt, vermietet, einen Zuschuss in die Kasse. Sicher ist ein solches Grundeigentum nicht jedermanns Sache, aber wenn es vorhanden und so genutzt werden kann, ist es allemal eine gute Grundlage für die private Eigen-Altersvorsorge.

Die Kosten (der Kaufpreis) eines derartigen Objekts liegen, wenn wir von den Ballungsgebieten absehen, zwischen 50.000 und 150.000 Euro, also in der Höhe des Barwertes von gut 500 Euro Monatsrente. Das Besondere liegt in den Ansparmöglichkeiten: Sobald das Objekt steht, kann es auch schon vor Renteneintritt genutzt werden, es wird mithin in der Ansparzeit die Miete gespart, wodurch ein erheblicher Teil der Finanzierungslasten gedeckt wird. Die Inflation, beim Ansparen in Nominalwerten ein zu fürchtendes Risiko, wandelt sich beim Abtragen der zur Hausfinanzierung aufgenommenen Fremdmittel in einen freundlichen Helfer um und selbst die Steuer vergisst auf einmal ihre Habgier und wird zu einem freundlichen Zuschussgeber. Der selbst bewohnte Grundbesitz ist also wesentlich leichter zu finanzieren als das Ansparen eines gleichhohen Kapitalwertes in Nominalwerten.

Wenn über die Altersvorsorge gesprochen wird, wird nur an Geld und Kapital gedacht. Viel wichtiger sind aber Kinder, die eigenen Kinder. Statt die eigene Altersvorsorge auf den anonymen Staat, den anonymen Generationenvertrag, abzuwälzen, kann man genau diesen Generationenvertrag ja selbst in der eigenen Familie praktizieren. Diese Form der Vorsorge und des Generationenvertrages wird von der Menschheit seit ihrem Bestehen, also weit über hunderttausend Jahre praktiziert und hat sich, wie aus der Entwicklung der Menschheit in dieser Zeit abzuleiten ist, offenbar sehr gut bewährt. Dem gegenüber wirkt die Behauptung, dass die gerade hundert Jahre alte Sozialversicherung, an der ständig herum geflickt werden muss, sich bewährt habe, geradezu lächerlich. Eine gute private Eigenversorgung für das Alter ist also die - inflationssichere - Investition in die eigenen Kinder.

Die notwendige Ergänzung der hier eben angerissenen Investitionen - Haus und Kinder - ist selbstverständlich ein, nun aber recht kleines, Polster in Nominalkapital, verteilt auf einige Sparformen um die Variationen des Banksparens bis zur Lebensversicherung.

Die Eigenvorsorge, in Nominalwerten praktisch nicht möglich, ist bei richtiger Wahl der Investitionen und der Kapitalanlage auch heute durchaus möglich. Allerdings ist es dafür erforderlich, dass die Bürger wieder lernen, ihre eigenen Angelegenheiten auch selbst- und eigenverantwortlich zu regeln. Diese Fähigkeit wurde in den letzten Generationen immer stärker unterdrückt, es wird auch wieder Generationen dauern, bis sie wieder entwickelt ist.

5.2.5 (Zusatz-)Versorgung durch den Arbeitgeber

5.2.5.1 Die Sicht des Arbeitnehmers

Aus der Sicht des Arbeitnehmers ist die Sache ganz einfach:
- Entweder, der Arbeitgeber verspricht nichts, dann bekommt der Arbeitnehmer auch nichts.
- Oder, der Arbeitgeber verspricht etwas, dann ist der Fall wieder einfach:
  - Entweder, der Arbeitgeber hält seine Zusagen ein, dann bekommt der Arbeitnehmer etwas.
  - Oder, der Arbeitgeber erfüllt seine Zusagen aus irgendeinem Grunde nicht, dann bekommt der Arbeitnehmer auch nichts und ist im Ergebnis so gestellt, als hätte der Arbeitgeber nie eine Zusage gegeben.

Im Ergebnis sieht es aus Sicht des Arbeitnehmers scheinbar so aus, als könne er nie verlieren, denn im schlimmsten Fall geht er leer aus, aber er hat immerhin die Möglichkeit, etwas zusätzlich zu bekommen.

Bei genauerem Hinsehen ist dies aber nicht so einfach, denn es hängt sehr davon ab, was der Arbeitgeber wirklich tut:

- Der Arbeitgeber schließt mit einem Versicherungsunternehmen einen Gruppenvertrag ab. Die Arbeitnehmer können nach freier Wahl innerhalb dieses Gruppenvertrages mit diesem Versicherungsunternehmen Versicherungsverträge abschießen, die Prämien sind vom Arbeitnehmer direkt an das Versicherungsunternehmen zu zahlen. Der Vorteil für den Arbeitnehmer liegt darin, dass er zu niedrigeren Prämien an seine Versicherung kommt. Die Differenz der von ihm zu zahlenden und der normal geforderten Prämie wird vom Versicherungsunternehmen gedeckt, das wiederum nichts anderes tut, als durch den Gruppenvertrag realisierbare Kosteneinsparungen an die Arbeitnehmer, die unter diesen Gruppenvertrag fallen, in Form geringerer Prämien weiter zu geben. Und welche Kosten trägt in diesem Fall der Arbeitgeber? Keine! Diese Form kostet den Arbeitgeber lediglich ein bisschen Wendigkeit.
- Nun kann sich der Arbeitgeber aber auch etwas großzügiger zeigen und die Prämien zum Teil oder ganz übernehmen. Dann entstehen dem Arbeitgeber tatsächliche Kosten. Das Finanzamt sieht es anders: Dem Arbeitnehmer fließen geldwerte Vorteile zu, die sind zu versteuern und zwar vom Arbeitnehmer, der also zunächst diese Steuern zu tragen hat. Ist der Arbeitgeber noch großzügiger, dann übernimmt er diese Steuerlast. Besonders kritisch müssen die Fälle gesehen werden, in denen Tarifverträge über die betriebliche Altersversorgung abgeschlossen werden, die eine finanzielle Beteiligung der Arbeitnehmer an den Prämien vorsehen und zugleich für alle Arbeitnehmer dieses Betriebes als zwingend vereinbart werden. In diesen Fällen wird also den betroffenen Arbeitnehmern per Tarifvertrag ein Teil ihres Einkommens zwangsweise weggenommen und die Arbeitnehmer so daran gehindert, selbstverantwortlich eine Eigenvorsorge aufzubauen.
- Und was geschieht, wenn der Arbeitnehmer seinen bisherigen Arbeitgeber vor Eintritt des Versicherungsfalls verlässt? Prinzipiell gibt es drei Möglichkeiten:

- ○ Er verliert alle Ansprüche ersatzlos,
- ○ Er behält alle bisher erworbenen Ansprüche vollständig.
- ○ Er behält die bisher erworbenen Ansprüche nur teilweise (zum Beispiel durch Einbau einer Mindestversicherungszeit oder weil nur der Rückkaufswert und nicht das angesammelte Deckungskapital ausgezahlt wird).

Verliert der Arbeitnehmer beim Verlassen des Arbeitgebers vor Eintritt des Versicherungsfalls irgendwelche Versorgungsansprüche, oder sind diese verbleibenden Ansprüche so konstruiert, dass sie mit einiger Wahrscheinlichkeit bis zum späteren, möglicherweise erst nach Jahrzehnten, eintretendem Versicherungsfall vergessen werden, dann hindern derartige Konstruktionen die Mobilität des Arbeitnehmers und sind gesamtwirtschaftlich unerwünscht und sogar schädlich.

Aus der Sicht des Arbeitnehmers ist die Zusatzversorgung durch den Arbeitgeber also keineswegs so ganz unproblematisch, wie dies von den Verfechtern dieser Leistungen so gern dargestellt wird. Besonders schwerwiegend ist aber, dass durch die vom Arbeitgeber organisierte Alterssicherung der Arbeitnehmer daran gehindert wird, für sich selbst zu sorgen, das heißt, er lernt nicht, wie er für sich selbst sorgen kann; er bleibt zeit seines Lebens bevormundet, wie ein unmündiges Kind. Diese über Jahrzehnte betriebene Bevormundung und Bemutterung führt dann dazu, dass der so stets Umsorgte bei jedem auftretenden Problem nach der Hilfe der großen Vordenker ruft, einfach deswegen, weil er nie etwas anderes gelernt hat. So sorgt die Abhängigkeit selbst für ihren ewigen Fortbestand - und für den Machterhalt der Vordenker.

5.2.5.2 Die Sicht des Arbeitgebers

Und nun die Zusatzversorgung durch den Arbeitgeber aus der Sicht des Arbeitgebers. Die Grundfrage ist: Welches Interesse, welchen Grund hat der Arbeitgeber, sich um die Altersversorgung seiner Arbeitnehmer zu kümmern? Der Entscheidungsbaum des Arbeitgebers sieht etwa so aus:

- Entweder, der Arbeitgeber verspricht nichts, dann hat er keine Kosten einer Zusage zu tragen - er hat aber auch keine Vorteile davon.

- Oder, der Arbeitgeber verspricht etwas, dann hat er auch in jedem Fall die Vorteile dieses Versprechens etwa in Form von Betriebstreue oder besserer Leistung. Der Arbeitgeber muss sich nun weiter entscheiden:
  - Entweder, der Arbeitgeber will seine Versprechungen von vornherein nicht einhalten, dann beschränken sich seine Kosten auf die Kosten der fortgesetzten Täuschung und sind damit gering.
  - Oder, der Arbeitgeber ist grundsätzlich bereit, seine Versprechungen einzuhalten, dann entstehen ihm Kosten. In diesem Fall geht es weiter:
    - Entweder, der Arbeitgeber überlässt die Durchführung einer externen Stelle, zum Beispiel einem Versicherungsunternehmen und zahlt lediglich. Diese externe Variante setzt allerdings voraus, dass die externe Stelle rechtlich und wirtschaftlich von unserem Arbeitgeber unabhängig ist und auch keine Nebenabreden getroffen werden. Bei dieser Konstruktion der Altersversorgung durch den Arbeitgeber bleibt natürlich die Frage, warum der Arbeitgeber dieses Problem so kompliziert löst: Eine entsprechende Lohnerhöhung mit der Weisung, dafür bei einem privaten Lebensversicherungsunternehmen eine Rentenversicherung zu kaufen, erbrächte das gleiche Ergebnis und wäre einfacher.
    - Oder, der Arbeitgeber übernimmt die Durchführung selbst.

Führt der Arbeitgeber die Altersversorgung seiner Arbeitnehmer durch den Arbeitgeber selbst durch - und dies ist auch dann der Fall, wenn die Durchführung formal extern durchgeführt wird, diese externe Stelle, zum Beispiel ein Pensionsfont, aber rechtlich oder wirtschaftlich von unserem Arbeitgeber abhängig ist, dann hat der Arbeitgeber von seiner Zusage über die Altersversorgung auch einige Vorteile. Bei diesem Pensionsfont werden nämlich erhebliche Kapitalbeträge angesammelt und der Pensionsfont muss diese Kapitalbeträge irgendwo anlegen; er tut dies vorzugsweise in dem Unternehmen, zu dem er gehört. Der Vorteil dieser ganzen Konstruktion für unseren Arbeitgeber liegt nun im Zusammenspiel von Arbeitgeber, Pensionsfont und Finanzamt.

Der Arbeitgeber zahlt die Versicherungsprämien, die bei ihm als steuermindernde Kosten auftreten, an den Pensionsfont. Der Pensionsfont legt einen gut Teil dieser Prämien (das Kapital des Deckungsstocks) beim Arbeitgeber an und zwar zu niedrigen Zinsen. Die Zinsen sind beim Arbeitgeber wiederum steuermindernde Kosten, beim Pensionsfont steuererhöhende Einnahmen (falls nicht sogar irgendeine Steuerbefreiung greift). Aber Vorsicht: Das Finanzamt setzt gern einen Zinssatz von 5,5 Prozent an.

Aus diesem einfachen Zusammenhang ergibt sich auch, warum und wann der Arbeitgeber an einer Zusage über die Altersversorgung seiner Arbeitnehmer interessiert ist:
- → Knappes Kapital
- → Hoher Marktzinssatz
- → Hohe Steuern
- → Knappe Arbeitskräfte
- → Hohe Fluktuation bei den Beschäftigten.

Ändern sich die Marktbedingungen, sinkt auch das Interesse des Arbeitgebers an jeder Versorgungszusage. Und damit ist auch die eingangs gestellte Frage beantwortet.

Die Gesamtbeurteilung der betrieblichen Altersversorgung ist nicht einfach, da die Materie in ihrer rechtlichen Regelung über viele Gesetze verteilt ist und die wirtschaftlichen und sonstigen Folgen für die Beteiligten recht differenziert zu sehen sind. Sicher ist:
- Dass in vielen Ausprägungsformen die Arbeitnehmer fester an den Betrieb gebunden werden und dadurch ihre Mobilität teilweise verlieren.
- Dass die finanziellen Lasten für die sich an der betrieblichen Altersversorgung beteiligenden Betriebe ein Teil der Lohnnebenkosten sind und diese erhöhen.
- Dass die finanziellen Lasten für die sich an der betrieblichen Altersversorgung beteiligenden Betriebe wegen der besonderen steuerlichen Behandlung durch Steuerersparnisse gemindert werden. Diese Steuerersparnisse des einen Betriebes führen aber notwendig zur Erhöhung der Steuerbelastung aller Steuerpflichtigen, unter anderem und insbesondere also auch der begünstigten Arbeitnehmer (und der nicht begünstigten Arbeitnehmer anderer Arbeitgeber!), die alle nicht die Möglichkeit haben, sich durch irgendwelche Tricks der erhöhten Steuerpflicht zu entziehen und durch das Lohnabzugsverfahren dem Zugriff des Finanzamts direkt ausgeliefert sind.

Insgesamt ist die betriebliche Altersversorgung eher kritisch zu sehen - zumal es eine sehr einfache und übersichtliche Möglichkeit gibt, die so definierte Altersversorgung in die Hände des betroffenen Arbeitnehmers selbst zu legen, zum Beispiel durch allgemeine Lohnerhöhung oder einen Lohnzuschlag, wenn dieser vom Arbeitnehmer zur Finanzierung einer eigenen Altersversorgung wie zum Beispiel Abschluss eines Lebensversicherungsvertrages genutzt wird.

Für den Arbeitgeber sieht die Rechnung ungefähr so aus:

+	Vereinbarter Bruttolohn
+	Gesetzliche Leistungen auf den Lohn (insbesondere: Renten-, Kranken-, Pflege-, Arbeitslosenversicherungsbeiträge)
+	Tarifvertragliche Leistungen
+	Freiwillige vertragliche Leistungen
+	Freiwillige nichtvertragliche Leistungen
+	Duldungen (privates Telefonieren und Kopieren, Mitnahme von Material - vom Kugelschreiber bis zur Bohrmaschine)
+	Anteilige Verwaltungskosten
=	Tatsächliche Kosten eines Arbeitnehmers.

Die so bestimmten tatsächlichen Kosten eines Arbeitnehmers liegen deutlich über dem vereinbarten Bruttolohn, die Größenordnung dürfte von 20 Prozent bis weit über 50 Prozent schwanken. Jeder Arbeitgeber weiß das und lässt sich sicher nicht durch irgendein Geschwätz von Interessenvertretern irritieren. Spätestens die nächste Bilanz nimmt ihm alle Illusionen.

Da die einzelnen Positionen der tatsächlichen Kosten addiert werden, ist eine Verlagerung eines Kostenelements in eine andere der aufgeführten Kostenkomponenten für das Ergebnis, die tatsächliche Kostenbelastung des Arbeitgebers, völlig unbedeutend. Es hat also keinen Zweck, den Arbeitgebern irgendwelche zusätzlichen Sozialleistungen aufzudrücken und - weil es eben nicht eine Erhöhung des Bruttolohnes ist - so zu tun, als ginge dies den Arbeitnehmer nichts an, er bekomme sozusagen von einer höheren Macht ein kleines Sondergeschenk. Der Arbeitgeber lässt sich nicht täuschen und es ist ihm zu raten, seine vielfältigen Sonderleistungen in jeder Lohnabrechnung ständig und immer wieder zur Kenntnis zu geben. Statt immer neue Lohnnebenkosten zu erfinden, ist es ehrlicher, all das, was der Arbeitgeber seinem Arbeitnehmer erzwungen oder freiwillig an Wohltaten zu geben verpflichtet oder bereit ist, zusammenzufassen und als Erhöhung des vereinbarten Bruttolohnes auszuweisen.

5.2.6 Beamtenpensionen

Die Beamtenpensionen sind rein formal eine (Zusatz-)Versorgung des Arbeitgebers „Staat" für einen Teil seiner Beschäftigten, eben die Beamten. Problematisch wird die Sache nur deshalb, weil diese Versorgung übermäßig hoch ist und weil sie aus dem allgemeinen Steueraufkommen bezahlt wird. Hier werden künftige Haushalte mit Ausgabenverpflichtungen belastet ohne dass auch nur im geringsten heute dafür vorgesorgt worden wäre.

5.3 Umlagefinanzierung

Die Finanzierung durch Umlage steht nicht dem Einzelnen, sondern nur einer Gruppe, einer Gemeinschaft als Instrument zur Verfügung. Typische Merkmale der Umlagefinanzierung sind:

- Die Gruppe oder Gemeinschaft, auf die etwas umgelegt wird, ist eine Zwangsgemeinschaft, das heißt, der einzelne Angehörige dieser Gemeinschaft kann sich nicht ausschließen oder die Gemeinschaft verlassen.
- Die Höhe des auf den Einzelnen entfallenden Umlagebetrages bestimmt sich nicht allein von seinem Verhalten.
- Die Höhe der Umlage wird auf irgendwelche Bezugsgrößen bezogen. Die richtige Wahl der Bezugsgröße ist für den Grad der Gerechtigkeit der Umlage entscheidend.
- Die Umlage wird für einen Zeitraum (zum Beispiel ein Jahr) erhoben.
- Umlagefinanzierung fördert die Verschwendung und Unwirtschaftlichkeit.
- Der Zahler einer Umlage ist nicht notwendig auch der, der die Last der Umlage zu tragen hat.

Die allgemeine Finanzierungsformel eines umlagefinanzierten Systems ist je Abrechnungsperiode (zum Beispiel ein Jahr):

$$\text{Ausgaben} = \text{Einnahmen}$$

Diese Formel kann man etwas weiter auflösen:

$$L+V+Re+T+Zk+St = B+Ra+Zr+K+S$$

L   Leistungsaufwand
V: Verwaltungskosten
Re: Reserven-Erhöhungen (Bildung von Rückstellungen)
T: Tilgungen früher aufgenommener Kredite
Zk: Zinsen für früher aufgenommene Kredite
St: Steuern
B: Beitragsaufkommen
Ra: Reserven-Auszahlung (Auflösung von Rückstellungen)
Zr: Zinsen aus Kapitalanlagen (Reserve)
K: Kredite (Neuaufnahme eines Kredits)
S: Zuschüsse Dritter (zum Beispiel Bundeszuschuss)

Bisweilen ist es erforderlich die beiden Summanden B und L weiter aufzusplitten, denn es gilt:

$$L=(Le*Ld) \text{ und } B=(Ue*Ud)$$

Hierbei bedeutet:

Le: Anzahl der Leistungsempfänger
Ld: durchschnittliche Leistung eines Leistungsempfängers
Ue: Anzahl der Umlagezahlenden (Beitragszahler)
Ud: durchschnittlicher Umlagebetrag eines Umlagezahlenden

Diese Grundformel der Umlagefinanzierung ist auch dann noch gültig, wenn von dem reinem beitragsfinanziertem System auf ein reines steuerfinanziertes System übergegangen wird; in diesem Fall wären lediglich die Werte $B = Ue = Ud = 0$ und ebenfalls umgekehrt, wenn von einem steuerfinanzierten System auf ein beitragsfinanziertes System übergegangen wird, dann ist der Summand $S = 0$.

Betrachten wir jetzt die Formelelemente genauer.

Verwaltungskosten (V).

Umlagesysteme wirken kosten- und ausgaben-steigernd. Für die Verwaltung eines umlagefinanzierten Systems gibt es keinen Anreiz, sparsam zu wirtschaften. Die vorgetragene Behauptung, dass "nur kostendeckende Gebühren/Beiträge" erhoben würden, ist genaugenommen nur ein Instrument des Volksbetruges, denn mit der Aussage, keine Gewinne erzielen zu wollen, ist über die Wirtschaftlichkeit des Betriebes nichts gesagt.

Für das System der gesetzlichen Rentenversicherung gilt: Bei einem derartigen Umverteilungssystem sind Verwaltungskosten unvermeidbar. Der Summand V (Verwaltungskosten) kann also nicht null werden, er kann aber ganz sicher durch Einsparungen und Rationalisierungen gemindert werden. Hier aber darf man die Größenordnungen nicht übersehen. Eine Einsparung von 1 Milliarde jährlich ist sicher eine erhebliche Summe, aber sie ist eben auch nur rund 0,5 Prozent einer Jahresausgabe oder rund 0,1 Beitragspunkt in unserer jetzigen gesetzlichen Rentenversicherung.

Kredite, Tilgungen, Kreditzinsen (K, T, Zk).
Aufgenommene Kredite ermöglichen - ohne dass die Umlagezahler es merken - im Zeitpunkt der Kreditaufnahme eine Erhöhung der Ausgaben. Erst in den folgenden Abrechnungsperioden treten als neue zusätzliche Ausgaben die Tilgungen und Kreditzinsen auf. Das bedeutet, dass in einem Umlagesystem Kredite auf Dauer umlageerhöhend wirken. Der Versuch, diese Wirkung durch erneute und weitere Kreditaufnahme zu verschleiern, führt unweigerlich zu nur noch größeren Problemen.

Reservenerhöhung und -auflösung, Zinserträge (Re, Ra, Zr).
Ein Minimum an Reserven ist erforderlich, um stets liquide zu sein und kurze zeitliche Differenzen zwischen Einnahmen und Ausgaben aufzufangen. Reserven sind, auch wenn sie im normalen Umlagesystem nur von geringer Höhe sind, zinstragendes Vermögen – normales Verhalten der Zentralbank vorausgesetzt.

Für das System der gesetzlichen Rentenversicherung gilt: Hält man die Reserve ("Schwankungsreserve") ungefähr konstant, dann gleichen sich die Summanden

      Ra (Ausgaben aus der Reserve) und
      Re (Einzahlungen in die Reserve)

aus und man kann sie in der Gleichung mit null ansetzen. Da die Schwankungsreserve derzeit bei rund einer Monatsausgabe liegt, sind größere Entnahmen ohnehin mangels Masse nicht möglich.

Da wir ein Umlagesystem haben, bei dem praktisch kein zinstragendes Vermögen vorhanden ist, sind die Zinseinnahmen nahezu null; (eine Monatsausgabe als Reserve bringt an Zinsen bei drei Prozent rund 0,0025 der Jahresausgaben): $Z_r = 0$. Dieser Summand kann also in der oben genannten Finanzierungsformel entfallen.

Leistungsempfänger und durchschnittliche Leistung (L, Le, Ld).
Der Hauptteil der Ausgaben sollte für die Summe des Produkts aus Leistungsempfängern und der durchschnittlichen Leistung aufgewendet werden. Will man dieses Produkt senken, dann kann sowohl der eine wie auch der andere Faktor gesenkt werden.

Umlagezahler und durchschnittlicher Umlagebetrag (B, Ue, Ud).
Der Hauptteil der Einnahmen kommt heute aus der Summe des Produkts aus Umlagezahlern und durchschnittlichem Umlagebetrag. Will man dieses Produkt erhöhen, dann kann sowohl der eine wie auch der andere Faktor erhöht werden.

Zuschüsse Dritter (S).
Die Bundeszuschüsse aus allgemeinen Steuermitteln im heutigen Rentensystem sind recht erheblich. Die Behauptung, wir hätten heute ein beitragsfinanziertes Rentensystem, ist absolut falsch.

Zusammenfassung.
Das gegenwärtige Rentenfinanzierungssystem ist ein reines Umlagesystem. Daraus ergeben sich einige zwingende Folgerungen:
- Für die Finanzierbarkeit von Ansprüchen der Versicherten ist es völlig gleichgültig, ob diese Versicherten irgendwann in der Vergangenheit (einem früheren als dem aktuellen Zeitraum) überhaupt irgendwelche, und wenn in welcher Höhe, Einzahlungen geleistet haben, denn von diesen Einzahlungen ist definitionsgemäß und tatsächlich im aktuellen Zeitraum nichts mehr vorhanden.
- Die (auch von einem früheren Verfassungsrichter) vorgetragene Meinung, dass die Rentenanwartschaften einen „eigentumsähnlichen"

Charakter hätten und darum nicht vom Gesetzgeber beliebig gesenkt werden könnten, stößt auf einige praktische Probleme:
- o Die Träger der Rentenversicherung haben praktisch kein Vermögen, ein „eigentumsähnlicher" Anspruch kann also allein deswegen, weil hier kein Vermögen vorhanden ist, unabhängig davon, ob er denn tatsächlich existiert, gar nicht realisiert werden. Hier gelten die gleichen Regeln wie im Konkursrecht: Wo nichts ist, kann auch nichts geholt werden.
- o Schuldrechtliche Ansprüche an die Beitragszahler werden selbst von den Verfechtern dieser These wohl nicht ernsthaft vorgetragen werden können.
- o Bleiben Ansprüche an den „Staat" als Garantieträger. Wenn man aber diese Variante ernsthaft bis zum Ende durchdenkt, dann geht damit das derzeitige beitragsfinanzierte Rentenversicherungssystem in ein reines steuerfinanziertes Rentenversicherungssystem über - und in dem gleichen Moment entfallen alle „eigentumsähnlichen" Ansprüche! Und der Ausdruck „Versicherung" ist spätestens dann auch falsch.

Die Stärken des Umlagesystems sind:
- Unempfindlichkeit gegen Inflation, weil kein Vermögen vorhanden ist, das entwertet werden könnte.
- Geringes Steuerrisiko.
- Kein Verlust- und Enteignungsrisiko, weil nichts vorhanden ist, was enteignet werden könnte.

Ein Umlagesystem für die Altersvorsorge lebt von leeren Versprechungen, denn es verspricht den heutigen Zahlern in der Zukunft etwas zu leisten, ohne dass ein Gegenwert vorhanden ist: Die Last müssen die künftigen Generationen tragen.

> *Merksatz*
> *Je mehr ein Umlagesystem Reserven ansammelt, umso mehr nähert es sich dem Kapitaldeckungsverfahren mit allen seinen Vor- aber auch Nachteilen an.*

Merksatz
In einem reinen Umlagesystem spielt es keine Rolle, ob und wenn wie viel ein Versicherter in vorhergehenden Perioden eingezahlt hat.

6. Einzelfragen einer allgemeinen Altersversorgung

Wer immer sich mit einer allgemeinen Altersversorgung beschäftigt, er muss sich über einige Fragen klar werden, dazugehören unter anderem:

6.1 Wer soll versichert werden?

Die Abgrenzung des versicherten Personenkreises muss vereinfacht werden. Sinnvoll ist: Versichert sind alle Deutschen, gleichgültig, ob sie sich im Inland oder Ausland aufhalten. Jeder hat einen eigenen Anspruch an die Rente aus der gesetzlichen Altersversorgung. Da jeder einen originären Anspruch hat, gibt es keine abgeleiteten Ansprüche.

Für die in Deutschland lebenden Ausländer mag es Sonderregelungen geben.

6.2 Was soll versichert werden?

Die gesetzliche Altersversorgung muss als einzige Leistung eine Altersrente bieten, die im formalen Recht einheitlich ist (heute: „Regel-Altersrente", die heute bestehenden Nebenformen müssen auf diese Regel-Altersrente zurückgeführt werden). Die bisher im Rentenrecht gebotenen weiteren Leistungen und Nebenleistungen fallen in diesem Recht weg, weil sie ohnehin bereits auch heute schon von anderen Teilen des sozialen Netzes bedient werden bzw. sie auf diese anderen Teile des sozialen Netzes neu übertragen werden können, zumal die derartige Ansprüche besser bedienen können.

Die Sonderstellung der Altersversorgung ergibt sich aus ihrer Langfristigkeit:
- Sie hat einen Vorlauf (heute Beitragszahlungsdauer) bis zu einem halben Jahrhundert oder sogar darüber hinaus.
- Sie hat nach Einsetzen der Rentenzahlung erneut eine mittlere Laufzeit um die 20 Jahre und im Einzelfall noch erheblich mehr.

6.3 Nominal-Rentenhöhe

Die angestrebte Durchschnitts-Rentenhöhe kann am Anfang politisch gesetzt werden. Nach den Preisen von heute zum Beispiel auf 1.000 Euro Monatsrente. Über die Dynamisierung der Rente wird dieser Wert der Entwicklung der für die Dynamisierung bestimmten Bezugsgröße jährlich automatisch angepasst. Die Nominal-Rentenhöhe ist ein - wenn auch hinter Rechenvorschriften versteckter - politisch gesetzter Wert. Nachträglich sieht es dann so aus, als wäre er sachlich entstanden und nicht politisch gesetzt. Nominal heißt der Wert, weil er ein nomineller Wert, ein Nennwert, eine Rechengröße ist. Dieser Nominalwert wird unter anderem benutzt bei der Berechnung der individuellen Leistung für die Folgegeneration. Die tatsächlich gezahlte Rente kann von der Nominal-Rentenhöhe sowohl nach oben wie auch nach unten abweichen.

Im aktuellen Rentenrecht gibt es den Begriff der Nominal-Rentenhöhe nicht, aber indirekt ist er doch vorhanden, denn die Rente soll unter 50% der Nettobezüge betragen, wenn 45 Versicherungsjahre nachgewiesen werden und in allen Jahren der Durchschnittsverdienst erreicht worden war. Eine andere heute übliche Art der Berechnung ist die „Eckrente": 45 Versicherungsjahre * aktueller Rentenwert. Die heutigen Durchschnitts-Altersrenten liegen deutlich unter diesen Werten. Das liegt vor allem daran, dass die angenommenen 45 Versicherungsjahre kaum von jemand tatsächlich auch erreicht werden.

6.4 Wartezeit

Die Wartezeit ist als der Zeitraum definiert, der vom Eintritt in die Versicherung bis zum frühestmöglichen Termin der Inanspruchnahme einer Versicherungsleistung vergangen sein muss.

Aus der Definition ergibt sich, dass die Wartezeit überhaupt nur dann berechnet werden kann, wenn zuvor das Datum des Versicherungseintritts feststeht. Anders ausgedrückt: Wer mit einer Wartezeit arbeiten will, muss das Datum des Versicherungseintritts auch definieren.

Bietet eine Versicherung mehrere verschiedene, voneinander unabhängige Leistungen, dann kann für jede dieser Leistungen eine eigene Wartezeit, unabhängig von der Wartezeit für eine andere Leistung, festgesetzt werden. Die Wartezeit hat immer die Folge, dass vor ihrem Ablauf keine Versicherungsleistungen fällig werden können. Möglicherweise sogar in der verschärften Form, dass der während der Wartezeit eingetretene Versicherungsfall zu keinem Zeitpunkt, also auch nicht nach Ablauf der Wartezeit, zur Leistung führt.

Praktisch bedeutet die Wartezeit, dass der Versicherte während der Wartezeit zwar Beiträge zur Versicherung zahlen muss, aber bezogen auf die mit einer Wartezeit belegte Versicherungsleistung als nicht-versichert gilt. Will er dieses Risiko absichern, dann muss er zusätzlich zu dieser mit einer Wartezeit behafteten Versicherung eine andere für den Zeitraum der Wartezeit geltende Zusatzversicherung abschließen.

Aus diesem einfachen Zusammenhang ergibt sich zwingend, dass es in einer allgemeinen Altersversorgung keine Wartezeit geben darf. Im Übrigen machen einfache Bestimmungen über das Nenneintrittsalter sowie die Rentenabschläge bei vorzeitigem Rentenbezug jede Wartezeit überflüssig.

6.5 Leistungsbezogenheit der Rente

Die gesetzliche Altersversorgung kann leistungsabhängig oder leistungsunabhängig sein.
- Leistungsunabhängig wäre zum Beispiel eine Altersrente, die jeder erhält, der nur ein bestimmtes Alter erreicht hat. Die Höhe einer solchen Rente wird stets als zu niedrig kritisiert werden. Eine so konstruierte Rente mindert die Eigenverantwortung und die Bereitschaft, für sich selbst zu sorgen. Ist die Rentenhöhe unabhängig von den individuellen Leistungen des späteren Rentenbeziehers, dann ist die Verwaltung erheblich vereinfacht, aber gleichzeitig wird das Schmarotzertum gefördert, denn wenn es etwas gibt, unabhängig von der eigenen Vorleistung, dann ist das eben nicht leistungsfördernd. Eine leistungsunabhängige Rente muss daher abgelehnt werden.
- Leistungsabhängig ist zum Beispiel eine Altersversorgung, deren Rentenzahlungen von bestimmten vom späteren Rentner zuvor erbrachten Leistungen abhängen. In diesem Fall muss entschieden wer-

den, was als eine derartige Leistung angesehen werden soll und wie eine solche Leistung zu bewerten ist.

Die Höhe der Rente, die aus einer allgemeinen Altersversorgung gezahlt wird, muss von der Höhe der Eigenleistungen des Versicherten abhängig sein, und zwar sowohl der Eigenleistungen, die der Versicherte vor Eintritt in die Rente erbracht hat als auch der Eigenleistungen, die er erst danach, also während des Rentenbezuges, erbringt.

6.6 Eigenleistungsarten

Eigenleistungen in diesem Sinn sind:
- Geburt und Aufzucht von Kindern,
- Die Höhe der jährlich zur Einkommensteuer deklarierten Einkünfte.

Für die Berechnung der individuellen Einzelleistung werden die Leistungen, die sich aus der Deklaration der Einkünfte sowie die Bewertung der Leistung für die Folgegeneration addiert. Daraus folgt, dass bei entsprechender individueller Einzelleistung die daraus abgeleiteten Rentenansprüche ein Vielfaches der Nominal-Rentenhöhe sein können.

Die gesetzliche Altersversorgung ist ein Drei-Generationen-Vertrag: Die Erwerbstätigen müssen sowohl die vorhergehende als auch die kommende Generation tragen:
- Die Leistungen für die vorhergehende Generation werden durch Geld aufgebracht.
- Die Leistungen für die folgende Generation werden durch Geburt und Aufzucht dieser Nachfolgegeneration aufgebracht.

Beide Leistungen sind notwendig und sie sind gleichwertig, eigentlich ist sogar die Leistung für die Nachfolgegeneration höher zu bewerten. Dies kann in kritischen Zeiten so weit gehen, dass nur noch die Leistung für die Folgegeneration von Bedeutung ist.

6.7 Eigenleistung: Geld

Die erforderlichen Geldleistungen können an den deklarierten Einkünften zur Einkommensteuer im Verhältnis zum Durchschnitt aller von den Versicherten deklarierten Einkünfte des gleichen Zeitraumes gemessen werden. Zu den zu deklarierenden Einkünften zählen zum Beispiel auch Transferzahlungen und alle Unterstützungen aus dem sozialen Netz. Es gilt also ein vergleichbares System wie im aktuell geltenden Recht, nur ist die Bezugsbasis nicht der Durchschnittsverdienst aller Pflichtversicherten, sondern die deklarierten Einkünfte aller natürlichen Personen. Ein Beispiel: 100 Prozent der Nominal-Rentenhöhe sollen nach 33 Leistungsjahren (mit deklarierten Durchschnittseinkünften) erreicht werden, daraus folgt, dass ein Leistungsjahr mit deklarierten Durchschnittseinkünften 3 Prozent der Nominal-Rentenhöhe entspricht. Nimmt man als Basis eine andere Anzahl von Leistungsjahren, dann muss der Wert des einzelnen Leistungsjahres entsprechend angepasst werden. Hierin liegt eine der Möglichkeiten zur Anpassung des Systems an sich entwickelnde Notwendigkeiten bzw. an geänderte Zielvorgaben.

6.8 Eigenleistung: Kinder

Für Leistungen für die Folgegeneration gilt jedoch dies: Wir wissen, dass bei der für uns geltenden Sterbetafel zum Bestandserhalt die Durchschnittsfrau ungefähr 2,1 Kinder haben muss. Wir wissen ferner, dass die Aufzucht eines Kindes ungefähr 500 Euro Monatsrente entspricht. Wir wissen weiter, dass ein Kind zunächst geboren und dann aufgezogen werden muss, diese beiden Teilleistungen sollten auch getrennt bewertet werden. Als Bewertung wird in Nominal-Rentenhöhe vorgeschlagen:

	Geburt	Aufzucht
1. Kind	20%	18%
2. Kind	35%	18%
3. Kind (und alle weiteren Kinder)	50%	18%

Die Aufteilung in Geburt und Aufzucht ist notwendig, um den Anteil der Frauen an diesen Leistungen gebührend bewerten zu können, denn Rentenanteile aus der Geburt können natürlich nur von Frauen erworben werden, während Anteile aus der Aufzucht nicht geschlechtsspezifisch sind. Die 18 Prozent für die Aufzucht eines Kindes gehen von der Annahme aus, dass diese Leistung bis zur Volljährigkeit des Kindes gewährt werden soll, das heißt, es gibt pro Jahr der Kinderaufzucht je Kind 1 Prozent der Nominal-Rentenhöhe. Die Geburt und Aufzucht zweier Kinder erbringt bei dieser Bewertung also praktisch die volle Nominal-Rente. Dies ist übrigens nur sehr indirekt ein Instrument der Bevölkerungspolitik, denn die Kinder werden ja überwiegend von Frauen im Alter zwischen 20 und 30 Jahren geboren, und in diesem Alter kümmert sich kaum ein Mensch um die Versprechungen einer künftigen Altersrente, das heißt, diese Bewertung wird die Zahl der Geburten nur sehr begrenzt beeinflussen.

6.9 Eigenleistungen während des Rentenbezuges

Der Leistungswille muss gestärkt werden, auch und gerade nach dem Beginn einer Altersrente. Daher wirken parallel zum Rentenbezug erbrachte Eigenleistungen selbstverständlich auch weiterhin rentenerhöhend: Geburten und Kinderaufzuchtzeiten ebenso wie zur Einkommensteuer deklarierte Einkünfte. Die jeweiligen Leistungen werden mit dem Rentenzu- bzw. -abschlagsfaktor bewertet, der für das Altersjahr der Erbringung dieser Leistung maßgeblich ist.

6.10 Organisation

Es darf im Bundesgebiet nur einen Träger der Gesetzlichen Rentenversicherung geben.

6.11 Nenneintrittsalter

In jedem allgemeinen Altersversorgungssystem muss ein Nenneintrittsalter in die Rente definiert werden. Mit der Einführung der gesetzlichen Alterssicherung im Jahr 1889 war dieses Alter auf 70 Jahre festgesetzt, seit 1916 beträgt es 65 Jahre, jetzt ansteigend auf 67 Jahre.

Das Nenneintrittsalter ist nichts anderes als eine Rechengröße, ein Bezugspunkt. Das Nenneintrittsalter sei definiert als das Renteneintrittsalter, bei dem 100% der Rente fällig werden.

- Wer mit einem höheren Alter als dem Nenneintrittsalter in die Rente eintritt, erhält auf seine Rente einen Zuschlag, er bekommt also mehr als 100% der Rente.
- Wer mit einem niedrigeren Alter als dem Nenneintrittsalter in die Rente eintritt, muss einen Abschlag von seiner Rente hinnehmen, er bekommt also weniger als 100% seiner Rente.

6.12 Rentenzuschlag, Rentenabschlag

Die Regelung führt zu folgendem einfachen Sachverhalt, der dem heutigen Recht entspricht:

Ausgang ist das Nenneintrittsalter in die Altersrente.
- Liegt das tatsächliche Eintrittsalter darüber, gibt es einen Rentenzuschlag in Höhe von 0,005 je Monat, das sind 12*0,005=0,06 oder 6% je Jahr.
- Liegt das tatsächliche Eintrittsalter darunter, gibt es einen Rentenabschlag in Höhe von 0,003 je Monat, das sind 12*0,003=0,036 oder 3,6% je Jahr.

Versicherungsmathematisch sind diese Werte nicht exakt, als Näherung aber brauchbar. Es ist richtig, dass zwischen männlichen und weiblichen Versicherten nicht unterschieden wird, denn die Werte unterscheiden sich kaum.

Der Rentenabschlag in Höhe von 0,003 je Monat, führt dazu, dass die Rente bei einem vorzeitigen Bezug von 334 (genau: 333,33) Monaten, das sind 28 (genau: 27,77) Jahren auf null gefallen ist. Dieser starke Abfall der Rente bei vorzeitigem Bezug ist eine gute Bremse, gegen den möglichen Wunsch, mit einem möglichst geringen Eintrittsalter in die Altersrente hineinzugehen. Eine besondere Bestimmung über das frühestmögliche Renteneintrittsalter ist damit überflüssig, wenn die Rentenabschläge nicht durch andere Sozialleistungen ausgeglichen werden.

6.13 Rentenantrag

Rente wird nur auf Antrag gezahlt. Diese Regelung sorgt dafür, dass der Berechtigte selbst den Zeitpunkt für den Beginn seines Rentenbezuges festlegen kann. Der Beginn des Rentenbezuges darf dem Berechtigten nicht gegen seinen Willen aufgezwungen werden. Dies ist - soweit es das Rentenversicherungsrecht betrifft - keine Änderung der gegenwärtigen Rechtslage. Änderungen sind jedoch im derzeitigen Recht der Arbeitslosenversicherung erforderlich, weil derzeit unter bestimmten Bedingungen ein Arbeitsloser durch Entzug der Unterstützung gezwungen werden kann, seine vorzeitige Altersrente zu beantragen.

6.14 Rentenauskunft

Damit der Versicherte seinen Rentenantrag zur von ihm gewünschten Zeit stellen kann, muss er über den Wert seiner Rentenanwartschaft, praktisch also seine Rentenhöhe, informiert sein. Daraus folgt zwingend, dass jeder Versicherte das Recht hat, jederzeit über seine Rentenanwartschaft Auskunft zu bekommen. Das ist inzwischen geltendes Recht.

Die Rentenauskunft soll einerseits dem Versicherten ständig seinen „Kontostand" zeigen, um ihm damit rechtzeitig die Möglichkeit zu geben, noch selbst vorzusorgen. Zum anderen aber wird er durch die jährliche wiederholte Mitteilung an das Rechtssystem gebunden und durch seine ständige Unterrichtung werden zum Dritten Eingriffe der Politik in seine Rechte erheblich erschwert.

6.15 Mindesteintrittsalter

Im heute geltenden Rentenrecht gibt es umfangreiche Bestimmungen über die Definitionen etlicher unterschiedlicher Mindesteintrittsalter.

Eine Definition eines Mindesteintrittsalter ist jedoch für die Funktionsfähigkeit einer allgemeinen Altersversorgung nicht erforderlich. Die Rentenabsenkung bei vorzeitigem Renteneintritt verhindert ausreichend jeden Missbrauch. Das Instrument des Rentenabschlags erspart eigene Vorschriften über ein Mindesteintrittsalter in die Altersrente. Dies gilt allerdings nur unter der Voraussetzung, dass die durch die Rentenabschläge geminderten Rentenzahlbeträge nicht durch andere Leistungen des sozialen Netzes, zum Beispiel die Sozialhilfe, wieder ausgeglichen werden.

6.16 Lastquote und demographischer Faktor

An anderer Stelle wurde die Lastquote aus den nach dem Alter definierten Anteilen der Bevölkerungszahlen abgeleitet. Will man bei veränderlicher Lebenserwartung die Lastquote gleich hochhalten, dann müssen die Altersgrenzen verschoben werden. Für uns bedeutet das hier: Bei sich ändernder Lebenserwartung muss das Renteneintrittsalter verschoben werden.

Dies ist theoretisch einfach. Praktisch aber etwas komplizierter, denn einmal müssten die Daten aus der Bevölkerungsstatistik schnell genug verfügbar sein, zum andern aber würde ein von Jahr zu Jahr sich änderndes Renteneintrittsalter für die Betroffenen zu einem schwer kalkulierbaren Datum werden.

Der deutsche Gesetzgeber hat daher eine andere Antwort gefunden: Es geht ja bei der Lastquote nicht eigentlich um die Zahl der Personen, sondern vielmehr um Geld, also das Produkt aus Durchschnittsrente und Rentneranzahl. Und um dieses Produkt zu beeinflussen, genügt es, die Durchschnittsrente zu manipulieren. Das ist im heute geltenden Recht um so einfacher, als dem Versicherten ohnehin der Wert seiner Rentenanwartschaft praktisch nicht bekannt ist.

6.17 Dynamisierung der Rente

Die Renten werden dynamisiert. Derzeit werden sie an die Entwicklung der Löhne angepasst. Besser wäre die Anpassung an die Inflation.

6.18 Stichworte zu einer allgemeinen Rentenversicherung
- Allgemein
  - Das Recht muss klar und einfach sein, sodass es von der Bevölkerung leicht durchschaut werden kann.
  - Das Recht muss wenig Eingriffsmöglichkeiten für manipulationslüsterne Politiker bieten.
  - Das System muss so konstruiert sein, dass es sich nicht selbst unmöglich macht: Es muss die Tatsache berücksichtigen, dass es um einen Drei-Generationen-Vertrag geht.

- - Versichert sind alle Deutschen, gleichgültig, ob sie sich im Inland oder Ausland aufhalten.
- Versichert ist allein die Altersversorgung. Die Altersversorgung wird in Form einer Geldrente gezahlt.
  - Die Rente wird nur auf Antrag gezahlt.
  - Es gibt keine Wartezeit.
  - Es gibt Zuschläge für verspäteten Renteneintritt und Abschläge für vorzeitigen Renteneintritt bezogen auf die Rentenhöhe bei normgerechtem Renteneintritt.
  - Es gibt kein Mindesteintrittsalter.
  - Die Rente wird dynamisiert.
- Die Rente ist leistungsbezogen.
  - Leistungen in diesem Sinn sind:
    - Geburt und Aufzucht von Kindern,
    - Die Höhe der jährlich zur Einkommensteuer deklarierten Einkünfte.
  - Eigenleistungen während des Rentenbezuges wirken Rentenerhöhend.
  - Jeder Versicherte hat das Recht, jederzeit über seine Rentenanwartschaft Auskunft zu bekommen.
- Die Rente wird durch eine Umlage finanziert. Die Umlage ist eine Steuer, zum Beispiel ein Zuschlag zur Mehrwertsteuer.
- Die Träger der gesetzlichen Rentenversicherung werden zu einem Unternehmen zusammengeführt.
- Nach dem Grundsatz des Bestands- und Vertrauensschutzes sollen alle bis zum Umstellungstermin im alten Recht erworbenen Ansprüche beim Übergang vom aktuellen zum künftigen System erhalten bleiben und bedient werden. Praktisch bedeutet dies:
  - Alle laufenden Altersrenten werden weiter gezahlt, ihre Dynamisierung erfolgt jedoch nach neuem Recht.
  - Alle Altersrenten, deren Beginn vor dem Umstellungstermin einschließlich dieses Termins selbst liegt, werden nach altem Recht berechnet und dann wie laufende Altersrenten behandelt.
  - Alle übrigen laufenden Leistungen nach altem Recht werden nach altem Recht weiter geleistet, sofern sie nicht durch andere Maßnahmen im sozialen Netz abgelöst werden.

- Alle erworbenen Altersrenten-Anwartschaften werden zum Umstellungstermin (nach altem Recht) berechnet und verbindlich festgestellt.
- Diese Anwartschaften nach altem Recht werden sodann in Vorleistungen nach neuem Recht umgerechnet.

7. Schlussbemerkungen

Jede gesetzliche Altersversorgung schafft ein Abhängigkeitsverhältnis der Bezieher der gesetzlichen Altersrente vom Staat und zwar unabhängig davon, wie die Altersversorgung finanziert wird, ob durch Beiträge oder Steuern. Die Geschichte lehrt: Die versprochenen Leistungen der gesetzlichen Altersversorgung werden nach Gutdünken der jeweils Herrschenden variiert, geändert oder völlig versagt. Die Begründungen, sofern überhaupt welche gegeben werden, sind beliebig: Finanzprobleme, nicht anerkannte Vorleistungen, politische Missliebigkeit jetzt oder irgendwann in der Vergangenheit - und es kommt dabei immer auf die Regierung zum Zeitpunkt des Rentenbezuges an!

Im heutigen System der gesetzlichen Rentenversicherung befinden sich die Einnahmen und Ausgaben im Ungleichgewicht. Die Schieflage wird sich von Jahr zu Jahr verstärken und sie lässt sich nicht durch eine geringfügige Erhöhung der Zahl der Beitragszahler beseitigen.

Die Schieflage lässt sich nur durch Senkung der Ausgaben bekämpfen, das heißt, es müssen Leistungsversprechen geändert, die Leistungen vermindert werden und die Finanzierung muss auf eine andere breitere Grundlage gestellt werden.

Eins aber muss bei jeder Änderung im Rentenrecht beachtet werden: Der Vertrauens- und Bestandsschutz muss gewahrt bleiben, denn sonst, das zeigen die vielen in der Vergangenheit diese einfache Selbstverständlichkeit missachtenden „Reformen", besser Manipulationen, zerbricht das allgemeine Misstrauen gegen jede Art einer staatlichen Altersversorgung jedes System. Darum muss für jede Änderung gelten: Der Vertrauens- und Bestandsschutz wird gewährt. Nach altem Recht erworbene Anwartschaften werden in Vorleistungen nach neuem Recht zum Umstellungstermin umgerechnet.

Politiker reden und denken (wenn überhaupt nur) in Schlagworten. Hier sind sie:

1. Die Last der Rentner ist zu hoch, die Rentnerlast verhindert, dass ausreichend viele Kinder geboren werden. - Das Renteneintrittsalter muss mindestens auf 75 Jahre angehoben werden, und zwar ohne Frühverrentung ohne Rentenabschläge – und die Renten selbst müssen gesenkt werden,
2. Es müssen mehr Kinder, mindestens 2,1 je Frau geboren werden.

Und hierfür gebe ich noch einmal eine einfache Begründung. Wir haben gesehen, dass, unabhängig von der Sterbetafel, zum Bestandserhalt mindestens 2,1 Kinder je Frau erforderlich sind. Wir haben derzeit aber nur um 1,4 und das ist nur 2/3 des Mindestmaßes. Wenn diese zu geringe Geburtenziffer sich über 10 Generationen (zu je 30 Jahren) fortsetzt, dann bedeutet dies, dass die Geburtenziffer und damit die Gesamtbevölkerung auf $((2/3)^{10} =)$ 1,7 % des Ausgangswertes gefallen ist. Damit ist die deutsche Bevölkerung in spätestens 250 Jahren praktisch ausgestorben, denn die ersten 50 Jahre dieser Entwicklung haben wir bereits hinter uns.

Also, Politiker

Renten oder Kinder?

8. Rentenbarwert a_n und Versicherungsmathematik

Es ist bisweilen erforderlich, auf die Instrumente der Versicherungsmathematik zurückzugreifen.

Die Lebensversicherungsmathematik arbeitet mit den drei Elementen:
- Sterbetafel (einjährige Sterbewahrscheinlichkeiten)
- Rechnungszinssatz i; Aufzinsungsfaktor $r = 1 + i / 100$; Abzinsungsfaktor (Diskontfaktor) $v = 1 / r$; praktisch gerechnet wird nur mit dem Diskontfaktor v.
- Kosten; die Kosten lassen wir in unseren Betrachtungen weg, denn wir wollen ja keinen Versicherungsverein gründen.

Wir bereiten unser Rechenblatt vor:
- Dritte Zeile: die drei gleich aufgebauten Spaltengruppen: „männlich", „weiblich", „unisex".
- Vierte Zeile: die einzelnen Spalten.

Versicherungsmathematische Sterbetafel Deutschland [Jahr], manipuliert											
Zinssatz i	[Wert]		r		[1+i]		v		[1/r]			
männlich											
x	q_x	l_x	d_x	x	D_x	N_x	S_x	x	C_x	M_x	R_x	x	a_n

Es bedeutet:
- x: das Alter von 0 bis ω (ω Höchstes Alter der verwendeten Sterbetafel);
- q_x: einjährige Sterbewahrscheinlichkeiten;
- l_x: $l_{x+1} = l_x * (1 - q_x)$; Lebende aus den q_x berechnet; l_0, die Lebenden am Alter 0 werden auf 100.000 gesetzt;

- d_x: $d_x = l_x - l_{x+1}$; Gestorbene im Alter x berechnet; [d klein!]
- D_x: $D_x = l_x * v^x$; diskontierte Lebende berechnet; [D groß!]
- N_x: $N_x = \Sigma D_x$; einfach aufsummierte diskontierte Lebende, berechnet vom höchsten Alter an abwärts; $N_{125} = D_{125}$; $N_{124} = N_{125} + D_{124}$; $N_x = N_{x+1} + D_x$.
- S_x: $S_x = \Sigma N_x = \Sigma\Sigma D_x$; doppelt aufsummierte diskontierte Lebende, berechnet vom höchsten Alter an abwärs;
- C_x: $C_x = d_x * v^{x+1}$; diskontierte Tote berechnet;
- M_x: $M_x = \Sigma C_x$; einfach aufsummierte diskontierte Tote, berechnet vom höchsten Alter an abwärts;
- R_x: $R_x = \Sigma M_x = \Sigma\Sigma C_x$; doppelt aufsummierte diskontierte Tote, berechnet vom höchsten Alter an abwärts;
- a_n: $a_x = N_x / D_x$; Rentenbarwertfaktor; sofort beginnende, lebenslänglich, vorschüssig zahlbare Leibrente für die fixe Jahresrente 1. Hinweis: Der Rentenbarwertfaktor a_n wird tatsächlich mit dem Index „n" geschrieben. Der Rentenbarwertfaktor für ein bestimmtes Alter erhält dann den Index „x" wie üblich.

Die in der Tabelle mehrmals eingesetzte Spalte x dient der Übersichtlichkeit und Trennung – es arbeitet sich dann einfach leichter.

Wenn wir die Berechnung für unterschiedliche Zinssätze i durchführen wollen, so muss jeweils lediglich das Feld i geändert werden, den ganzen Rest macht dann das Rechenblatt allein. Bitte beachten: für i = 0 ist r = v = 1!

i	3	0
r	1,03	1,00
v	0,970873786	1,00

Wir brauchen die Rentenbarwerte a_n, genauer die Rentenbarwertfaktoren. Wir werden feststellen:
- Je niedriger der Rechnungszinssatz i ist, um so größer der Rentenbarwert a_n!

- Für das gleiche Alter ist der Rentenbarwert weiblich immer höher als der Rentenbarwert männlich; das liegt an der höheren Lebenserwartung für Frauen.
- Die Rentenbarwerte für unisex liegen irgendwo zwischen den Rentenbarwerten für männlich und weiblich.
- Der Rentenbarwert a_n ist ein Faktor, mit dem die tatsächlich jährlich gezahlte Rente multipliziert werden muss; für die Monatsrente von 1000 ist also zu rechnen: $1000 * 12 * a_n$; dabei gibt der Index n das Renteneintrittsalter an.

Hinweis:
- Alle Lebensversicherer arbeiten mit manipulierten Sterbetafeln.
- Für alle Kapitalversicherungen werden die einjährigen Sterbewahrscheinlichkeiten erhöht.
- Für alle Rentenversicherungen werden die einjährigen Sterbewahrscheinlichkeiten vermindert.

Reihe Müllers Sachtexte

Band 1; Hermann Müller: Bevölkerungspolitik;
 ISBN 978-3-86468-100-4

Band 2; Hermann Müller: Rente;
 ISBN 978-3-86468-081-6

Reihe Müllers Erzählungen

Band 1; Hermann Müller: Müllers Erzählungen Band 1;
 ISBN 978-3-943048-99-5

Band 2; Hermann Müller: Müllers Erzählungen Band 2; Krimis
 ISBN 978-3-86468-010-6

Band 3; Hermann Müller: Müllers Erzählungen Band 3;
 ISBN 978-3-86468-035-9

Band 4; Hermann Müller: Der Käfig;
 ISBN 978-3-86468-677-1
 als E-Book: ISBN 978-3-86468-678-8

Band 5; Hermann Müller: Der kleine Zauberer;
 ISBN 978-3-86468-593-4
 als E-Book: ISBN 978-3-86468-594-1

Band 6; Hermann Müller: Die Waffe der Frauen;
 ISBN 978-3-86468-634-4
 als E-Book: ISBN 978-3-86468-635-1

Band 7; Hermann Müller: Brautkuss;
 ISBN 978-3-86468-649-8
 als E-Book: ISBN 978-3-86468-650-4

Band 8; Hermann Müller: Saalemündung zu Dritt;
 ISBN 978-3-86468-733-4
 als E-Book: ISBN 978-3-86468-734-1

Band 9; Hermann Müller: Ev;
 ISBN 978-3-86468-747-1
 als E-Book: ISBN 978-3-86468-748-8

Band 10; Hermann Müller: Mord oder ...?;
   ISBN 978-3-86468-774-7
   als E-Book: ISBN 978-3-86468-775-4

Band 11; Hermann Müller: Ein Fall für Rosi;
   ISBN 978-3-86468-783-9
   als E-Book: ISBN 978-3-86468-784-6

Band 12; Hermann Müller: Klarer Fall;
   ISBN 978-3-86468-801-0
   als E-Book: ISBN 978-3-86468-802-7

Band 13; Hermann Müller: Die Nacht der Hexen;
   ISBN 978-3-86468-820-1
   als E-Book: ISBN 978-3-86468-821-8

Band 14; Hermann Müller:
   Die Leben der Dona Anna Maria Katharina; ISBN 978-3-86468-831-7
   als E-Book: ISBN 978-3-86468-832-4

Band 15; Hermann Müller: Auf Wiedersehen im Paradies;
   ISBN 978-3-86468-927-7
   als E-Book: ISBN 978-3-86468-928-4

Band 16; Hermann Müller: LH774;
   ISBN 978-3-96014-139-6
   als E-Book: ISBN 978-3-96014-140-2

Band 17; Hermann Müller: Die zweite Leiche;
   ISBN 978-3-96014-157-0
   als E-Book: ISBN 978-3-96014-158-7

Band 18; Pitr E. Nis: Bondage und mehr;
   ISBN 978-3-96014-174-7
   als E-Book: ISBN 978-3-96014-175-4